Gabor Steingart
Die gestohlene Demokratie
Das Wahlbuch '09

PIPER

Zu diesem Buch

Bonn, Berlin, Washington: Gabor Steingart kennt Akteure und Abläufe der Politik wie nur wenige Journalisten. Sein Bestseller »Deutschland – Der Abstieg eines Superstars« ist eines der einflussreichsten Bücher der letzten Jahre. Sein Globalisierungsthriller »Weltkrieg um Wohlstand« wurde in rund 20 Staaten publiziert. Henry Kissinger sprach von einem »präzisen und fesselnd geschriebenen Realitäts-Check für Amerika«. Pünktlich zum 60. Geburtstag der Republik widmet sich Steingart dem demokratischen System in Deutschland. Mit kühler Präzision beschreibt er die Kanzlerkandidaten und den Niedergang der Volksparteien. Sein schockierender Befund: Die Demokratie ist erstarrt. Die Parteien sind nicht mehr repräsentativ für das Volk, das sie führen sollten. Von der Lebenswirklichkeit der Bürger haben sie sich weit entfernt. Statt Gestaltungskraft ist ihnen nur noch der Wille zur Macht geblieben. Deutschland hat sich in eine »Demokratie von oben« verwandelt, in der zunehmend »Politik ohne Volk« betrieben wird. Was tun? Gabor Steingart liefert verstörende Innensichten der Macht und zieht daraus eine klare Folgerung: Wer die Erneuerung der Demokratie in Deutschland will, muss den Parteien jetzt eine klare Botschaft senden – und nicht wählen. Steingart macht Vorschläge, wie Demokratie wieder lebendiger, direkter – und erfolgreicher werden kann.

Gabor Steingart, geboren 1962, leitete von 1996 bis 2001 das *Spiegel*-Wirtschaftsressort. 2001 übernahm er die Leitung des Berliner Hauptstadtbüros. Seit 2007 arbeitet er als Korrespondent des *Spiegel* in den USA. Vielfach ausgezeichnet, u. a. als »Wirtschaftsjournalist des Jahres« und mit dem »Helmut-Schmidt-Journalistenpreis«.

Gabor Steingart

Die gestohlene Demokratie

Das Wahlbuch '09

Piper München Zürich

Mehr über unsere Autoren und Bücher:
www.piper.de

Von Gabor Steingart liegen im Piper Taschenbuch vor:
Weltkrieg um Wohlstand
Deutschland – Der Abstieg eines Superstars
Der Fall Deutschland

Mix
Produktgruppe aus vorbildlich bewirtschafteten
Wäldern und anderen kontrollierten Herkünften
www.fsc.org Zert.-Nr. GFA-COC-001223
© 1996 Forest Stewardship Council

Erweiterte Taschenbuchausgabe
August 2009
© 2009 Piper Verlag GmbH, München
unter dem Titel: »Die Machtfrage – Ansichten eines Nichtwählers«
Umschlaggestaltung: semper smile, München
Umschlagabbildung: Mike Loos / dieKLEINERT.de
Autorenfoto: Martin Simon
Satz: seitenweise, Tübingen
Papier: Munken Print von Arctic Paper Munkedals AB, Schweden
Druck und Bindung: CPI – Clausen & Bosse, Leck
Printed in Germany   ISBN 978-3-492-25803-6

Inhalt

KÜHLES LAND

Vorwort zur Taschenbuchausgabe

Wasser gefriert bei null Grad Celsius. Dann wechselt es seinen Aggregatzustand von flüssig zu fest. So haben wir es in der Schule gelernt.

So ganz stimmt das nicht. Wenn Wasser in ständiger Bewegung bleibt, kann es sogar zweistellige Minusgrade aushalten, ohne zu gefrieren. Erst wenn im Bach sich Steine quer legen, entsteht um diese Steine herum das erste Eis. Dieses wiederum bildet den Kristallisationspunkt, um den herum weiteres Eis wachsen kann.

In der deutschen Politik ist ein ähnliches Schauspiel zu beobachten. Er spielt sich vor unseren Augen ab. Wir sind Teil der Veränderung, auch wenn viele es so nicht empfinden.

Das Verhältnis der Deutschen zu ihrer Demokratie und das der Politiker zu den Deutschen hat sich abgekühlt. In den demokratischen Beziehungen fand ein Temperaturabfall statt, ohne dass es bisher zu einem Wechsel des Aggregatzustands kam. Aus Parteimitgliedern wurden Karteileichen, aus Anhängern wurden Mitläufer, aus Wählern wurden Noch-Wähler oder Gelegenheits-Nichtwähler. Aber die Demokratie blieb erhalten.

Die demokratische Leidenschaft erkaltete zwar, aber die politische Strömung erwies sich bisher als stark genug, um eine Vereisung zu verhindern. Es fehlt der quer liegende Stein. Ein Kristallisationspunkt wurde bisher nicht erreicht.

Viele ziehen daraus den Schluss, es gebe keine Veränderung, und wenn doch, dann nur im Kleinen. Alles sehe doch aus wie immer. Es finden Wahlen statt. Es gibt Parteien und Plakate. Es gibt auch die dazugehörigen Programme und Spitzenkandidaten. Die Demokratie in Deutschland sei nicht besonders lebhaft, aber lebendig sei sie schon. Es werde nicht zur Erfrierung kommen.

Dem widerspricht dieses Buch. Ich glaube, dass die Normalität eine scheinbare ist. Es gibt Parteien, aber es sind nicht mehr die vorwärtsstürmenden, von Ideen und Werten befeuerten Organisationen von einst. Ihre Programme sind bedeutungslos, selbst in den Augen derer, die sie verfassen. Spitzenkandidaten stehen weiterhin an der Spitze des Zugs. Aber der Zug selbst steht still.

SPD-Mann Frank-Walter Steinmeier ist kein zweiter Brandt, kein zweiter Schmidt und auch kein zweiter Schröder. Er ist ja kaum ein richtiger Politiker, weil er das Wichtige im Politikerleben, Wahl und Abwahl, aus eigenem Erleben nicht kennt. Nur seine Frau konnte zu ihm bisher Ja oder Nein sagen, damals vorm Standesbeamten. Einer anderen Wahl hat er sich bis heute nicht gestellt. Seine Ernennung zum Spitzenkandidaten haben die Zeitungen zu Recht als »Putsch« beschrieben. Selten sahen die Roten in Deutschland so grau aus.

Die CDU ist in keinem sehr viel besseren Zustand, auch wenn sie das Kanzleramt besetzt hält. Angela Merkel ist eine Eiskönigin, die im Volk und in ihrer Partei keinen Wärmestrom auszulösen vermag. Schon beim letzten Urnengang haben nur 27 Prozent der Wahlberechtigten Merkel gewählt. Sie besitzt die schwächste demokratische Legitimation, die je ein deutscher Regierungschef vorweisen konnte. Die Umfragen sagen für den 27. September erneut millionenfache Wahlenthaltung voraus.

Über die Gründe mag Merkel nicht sprechen, schon gar nicht öffentlich. Deshalb hat die Kanzlerin und Parteivorsitzende durchgesetzt, dass 2009 kein CDU-Parteitag stattfindet, wie er in Wahljahren bis dahin üblich war. Die Physikerin Merkel weiß sehr genau, dass die Stimmung in der eigenen Partei den Gefrierpunkt schon vor längerer Zeit unterschritten hat. Sie fürchtet den Stein, der sich quer legen könnte.

Die Probleme der deutschen Demokratie sind nicht von Merkel und Steinmeier verursacht. Sie repräsentieren sie nur. Nicht einmal die Hälfte der Deutschen ist mit der parlamentarischen Demokratie zufrieden, ermittelte das Meinungsforschungsinstitut Infratest. Die Universität Leipzig stellte fest, dass es im Osten des Landes weniger als ein Drittel sind.

Wer die Unterkühlung spüren will, muss nur an einem beliebigen Sitzungstag den Deutschen Bundestag besuchen. In jeder Schulklasse wird heute lebhafter diskutiert. Die Volksvertreter mögen sich ja kaum selbst mehr zuhören, weshalb die schönen blauen Sitze unter der Reichstagskuppel meist leer bleiben. Der Bundestag wirkt oft wie der Ausstellungsraum eines Möbelhauses.

Zu viele haben es sich in dieser Leere der bundesdeutschen Demokratie bequem gemacht, auch solche, die von Berufs wegen zur Kritik verpflichtet wären. »Fehlergucker« hat Rudolf Augstein unseren Berufsstand, den der Journalisten, einst genannt. »Dagegensein«, so fasste sein Chefredakteur Günter Gaus den publizistischen Auftrag zusammen. »To tell bad things even about the good guys« lautet auch in Amerika das erste Gebot für den kritischen Journalisten.

Doch viele meiner Kollegen wollen nicht der Stein sein, der sich quer legt, sind lieber der Kiesel, der mit dem Quellwasser den Berg hinuntersaust. »Jeder Regierungschef hat in der Bundespressekonferenz eine absolute Mehrheit«, mit diesem bitteren Satz hat mein *Spiegel*-Kollege Jürgen Leinemann einst den Opportunismus unserer Zunft treffend beschrieben.

Das erste Interview mit dem neuen Minister, das Eingeladenwerden zum Hintergrundgespräch, die Mitreisemöglichkeit im Regierungsflugzeug, das ist seit jeher die Währung, in der die Mächtigen zahlen. Die Kanzlerin verschickt – gewissermaßen noch als Bonus obendrauf – launige SMS-Mitteilungen an einen engen Kreis zutraulicher Journalisten. Als Gegenwert für diese Nähe wird wohltemperierte Kritik erwartet.

Diese Erwartung der Regierenden ist nicht neu. Die neue Normalität besteht darin, dass so reichlich geliefert wird. Kritik mit Knicks heißt diese Disziplin.

Dieses Buch, das jetzt als Taschenbuch vorliegt, löste auch deshalb eine Kontroverse aus, weil es sich von dieser Kumpanei absetzt. Zudem sorgte mein Bekenntnis, diesmal der Wahlurne fernzubleiben, für heftigen Widerspruch. Die Reaktionen schwankten zwischen »endlich sagt es einer« und »das tut man nicht«. Das wichtigste Ziel der Provokation war damit erreicht: Wir kamen ins Gespräch. Nichtwähler und Wähler haben sich viel zu sagen.

Tausende Leserinnen und Leser strömten in die örtlichen Kultur- und Literaturhäuser, wohin Schuldirektoren, IHK-Präsidenten, Buchhändler, Chefredakteure und Herausgeber zur Debatte geladen hatten. Viele Bürger beteiligten sich auch nach den Talksendungen von ARD und ZDF an deren Internetforen. Unzählige Radiohörer von Deutschlandradio, SWR, HR, Radio Bremen und anderen Sendeanstalten wählten sich spontan ein, um ihrer Stimme Gehör zu verschaffen.

Wochenlang haben wir uns unterhalten. Es wurde geschimpft, geflucht und im Frankfurter Literaturhaus, wo der kluge Kopf der *FAZ*, Frank Schirrmacher, das Gespräch moderierte, wurden zahlreiche Transparente in die Luft gehalten. Einen Teil dieser sehr lebhaften Gespräche mit Politikern, Publizisten und Bürgern aus Städten und kleineren Gemeinden hat der Verlag im Anhang zu diesem Taschenbuch dokumentiert. Allen beteiligten Bürgern möchte ich für ihr Engagement danken, für Ermunterung und Widerrede, vor allem für ihre demokratische Leidenschaft, die da so unverstellt zum Vorschein kam.

Am erstaunlichsten in diesen Gesprächen war übrigens das Verhalten der Politiker. Sobald das Licht der Kameras erloschen und die Saalmikrofone ausgeschaltet waren, wurde die Gegenwehr eingestellt. »Ich habe die Achtung vor meiner Partei verloren«, bekannte ein CDU-Landrat. »Ich kann meinen Ortsverein nicht mehr ertragen«, gestand ein Bundestagsabgeordneter der SPD.

Ein ehemaliger Minister des Schröder-Kabinetts gratulierte telefonisch zur Analyse und schloss für sich das Nichtwählen aus: »Ich muss Oskar verhindern. Leider kann ich meine Partei deshalb nicht wählen.«

Mit einem jetzigen Kabinettsmitglied der Großen Koalition diskutierte ich Möglichkeiten, die rund 13 Millionen Nichtwähler wieder zu integrieren. Nichts würden wir lieber tun, sagte er, als uns mit den Nichtwählern zu verbünden und ihnen ein Angebot für mehr direkte Demokratie und mehr Partizipation machen – bis zur offenen Vorwahl des Kanzlerkandidaten, der dann von allen Sympathisanten einer Partei gekürt würde und nicht mehr von Funktionären.

Aber, fügte der Mann schnell hinzu, das würden uns die Funktionäre nie verzeihen. Ein Politiker, der den

Bürgern solche Mitmach-Angebote mache, entwerte zugleich das Netzwerk, das ihn nach ganz oben getragen habe. Noch sei das Risiko für eine Politik gegen die Partei zu hoch. Die Parteien seien alt, aber herrschsüchtig.

Alles hat in der Politik seine Zeit, weshalb die Zögerlichen hier nicht gescholten werden sollen. Aber zu lange sollten sie auch nicht warten. Die Weimarer Republik mit ihren Saalschlachten und der allgemeinen Hetzrhetorik ist an Überhitzung gestorben. Die bundesdeutsche Demokratie könnte erfrieren. Die Zeit drängt allmählich. Es ist kalt geworden in der Republik.

EINLEITUNG

Willy Brandt, mein Vater und die Entdeckung der Demokratie

Meine Familie war gerade aus dem ersten Italien-Urlaub zurückgekehrt, in der *ZDF-Hitparade* belegte Juliane Werding mit »Am Tag, als Conny Kramer starb« den ersten Platz, da bewarb sich SPD-Kanzler Willy Brandt um seine Wiederwahl.

Mit einem Sonderzug der Bundesbahn durchquerte er im Sommer 1972 das Land, mit kratziger Stimme hielt er seine Reden. Sie handelten von Mitgefühl, Gleichberechtigung und von Demokratie. Ich hatte so etwas noch nie gehört. Mein Vater auch nicht.

Niemand durfte reden, wenn Brandt redete. Die Blumen auf dem Wohnzimmertisch wurden vor Beginn der *Tagesschau* zur Seite gestellt, damit die beiden sich in die Augen sehen konnten. Dein Vater ist sehr für ihn, sagte meine Oma.

Der jugendliche Brandt hatte sich gegen die Nazis gewehrt und war schließlich nach Norwegen emigriert. Mein Vater hatte sich gegen die Kommunisten in Budapest gewehrt und musste sein Land 1956 verlassen. Brandt konnte nach dem Krieg zurückkehren, mein Vater nicht. Er wartete auf das Rückkehrrecht in seine ungarische Heimat seit nunmehr 16 Jahren. Brandt schien ihn zu verstehen. Er sprach von Entspannung – und von Reisefreiheit.

»Willy kommt« war eines Tages an einen Baum angeschlagen. Mein Vater und ich besuchten seine Kundgebung auf dem Hildesheimer Rathausplatz. Brandt klang heiser. Müde sah er aus. Aber seine Worte funkelten. Ich sah, wie die Augen meines Vaters feucht wurden, auch wenn er es vor mir zu verbergen suchte. Ich verstand nicht immer, was Brandts Worte bedeuteten, aber ich verstand doch, dass es viel sein musste.

Auf dem Weg nach Hause liefen wir schweigend nebeneinander her und genossen das große Ereignis, dessen kleiner Teil wir nun waren. Ich war gerade zehn Jahre alt geworden.

Selbst als ich später erfuhr, wie empfindsam, weich, nachgiebig und in Depressionen versunken Brandt sein konnte, hat das meinen Vorrat an Bewunderung für ihn nicht geschmälert. Durch ihn hatte ich den Weg zur Politik gefunden, auch wenn es zunächst ein kindlicher Trampelpfad war. Die Demokratie, so viel immerhin verstand ich, war eine Sehnsucht, die größer war als meine bisherigen Sehnsüchte. Mitreden, mitentscheiden, eine Obrigkeit, die von unten kommt, das schien auszureichen für ein ganzes Leben oder zwei.

Während Brandt die großen Städte besuchte, kümmerte ich mich in den folgenden Wochen um den niedersächsischen Bergarbeiterort Bad Salzdetfurth, in dem wir damals wohnten. Ich klingelte an den Haustüren der Mietshäuser, um auf den bevorstehenden Wahltag aufmerksam zu machen. Wo immer jemand sich interessierte, zeigte ich mein kleines Sortiment an Aufklebern, Flugblättern und Broschüren.

Eine Hochglanzschrift über Brandt sah derart wertvoll aus, dass ich begann, dafür einen kleinen Obulus – nennen wir es Schutzgebühr – zu erheben. Von Frauen mit Schürze und Männern in blauer Arbeitsbekleidung verlangte ich 30 Pfennige, Krawattenträger zahlten einen Aufschlag. Brandt war beliebt bei den Leuten. Innerhalb weniger Wochen brachte ich es zu einem kleinen Vermögen.

Es war nun ausgerechnet mein Vater, der dieser noch jungen Beziehung zur Demokratie einen Dämpfer verpasste. Es sei nicht erlaubt, das Wahlmaterial einer Partei zu verkaufen, sagte er. Ich musste das Geld dem Opferstock der katholischen Pfarrgemeinde spenden.

Mein Vater war ein romantischer Demokrat, wie sie überall während oder kurz nach dem Zweiten Weltkrieg geboren wurden. In mir aber steckte womöglich früh schon der Typus des heutigen Vernunftdemokraten. Ich wusste damals noch nicht, was eine Win-win-Situation ist, aber zwischen Brandt und mir muss eine solche existiert haben. Ich half ihm, seine Wahl zu gewinnen. Er half mir, mein Taschengeld aufzubessern. Am Wahlabend konnten wir beide zufrieden sein: Mit 91,1 Prozent war die höchste Wahlbeteiligung aller Zeiten erreicht worden. Er hatte gewonnen. Mein Vater und ich auch.

Dem Triumph folgte das, was mein Vater und ich als Tragödie erlebten, Brandt trat noch vor Ablauf der Wahlperiode zurück. Es gab plötzlich so viele Gerüchte, der Spion, die Frauen, der Alkohol. Politik war Drama geworden. Wir kauften zusammen den *stern*, denn dessen Titelgeschichte versprach in zwei Worten, wonach wir suchten: »Die Wahrheit«.

Mein Verhältnis zur Demokratie wurde in den folgenden Jahren des Erwachsen-Werdens noch inniger. Denn die Demokratie, so schien es mir damals, war auf einmal in Gefahr. Die Konservativen hatten 1980 den Bayern Franz Josef Strauß auf den Schild gehoben. »Freiheit statt Sozialismus« hieß sein Wahlkampfslogan, doch die Fahne der Freiheit trug er nicht. Es war jedenfalls nicht die Freiheit, die ich meinte.

Ich wollte Abrüstung, Strauß strebte nach deutschen Atomwaffen. Ich wollte Demokratie, er lobte den chilenischen Diktator Pinochet. Ich begann, *Spiegel* zu lesen, er hatte dessen Gründer einst verhaften lassen. Stoppt Strauß, das war für meinen Vater und mich nun die erste Bürgerpflicht. Am Wahltag, endlich durfte auch ich meine Stimme abgeben, traten wir nicht als Wähler, sondern als Widerstandskämpfer an die Urnen. Helmut Schmidt hat gewonnen, aber wir hatten gesiegt.

Es gab damals viele solcher Väter und viele dieser Söhne. Doch wo sind sie geblieben? Die Zeit der großen demokratischen Leidenschaft in Deutschland scheint vorbei zu sein. Die romantischen Demokraten verlassen uns allmählich, und keiner weiß, wohin uns Nachgeborene der Pragmatismus noch führen wird. Die romantischen Väter werden uns fehlen.

Der heutige Politiker wird weniger bewundert als beobachtet. Den großen Worten horcht man noch immer hinterher, auch in der Absicht herauszufinden, ob sie hohl klingen. Die Demokratie unserer Zeit wird weniger von politischen Ideen definiert als von Interessen.

Wenn es einen Ehevertrag zwischen Regierung und Regierten gäbe, würde darin heute der Satz stehen: Wir haben einander nützlich zu sein. US-Präsident Franklin Delano Roosevelt meinte denselben Sachverhalt, als er sagte: »Der einzige Weg, einen Freund zu haben, ist, einer zu sein.«

Nur braucht die Demokratie, um leben zu können, mehr als einen Freund. Sie braucht Millionen davon. Sie ist auf Gedeih und Verderb darauf angewiesen, dass die Zahl der ihr Wohlmeinenden deutlich größer ist als die Zahl der Gleichgültigen oder gar die Zahl derer, die sie hassen.

Sie hat es nicht leicht. Sie soll Wohlstand schaffen, Sicherheit garantieren und Sinn stiften. Sie soll mehr sein, als wir sind, obwohl sie nur aus uns besteht.

Nicht wenige haben der Demokratie in den vergangenen Jahren den Rücken gekehrt, weil diese nicht die Ergebnisse lieferte, die von ihr erwartet wurden. Die Enttäuschten gehen leise. Sie geben keine Erklärungen ab, sie toben und wüten nicht. Und eines Tages, das ist meine Befürchtung, werden sie mit tonloser Stimme sagen: Es war nicht schade um sie. Sie war zum Schluss nicht mehr die alte.

Das Gegenwärtige weist in die Zukunft, heißt es oft. Im Fall unserer Demokratie ist das keine Verheißung. Wenn es mehr Gleichgültige als Wohlmeinende gibt, sind die Tage der Demokratie gezählt.

Klang es bisher so, als hätten sich nur die Wähler verändert, muss dieser Eindruck nun erweitert werden. Die zweite, vielleicht sogar dramatischere Veränderung fand im Kreise der Politiker statt. Die Parteien, die sie hervorbringen, sind in die Jahre gekommen. Sie wirken ermattet. Einen leidenschaftlichen Politiker haben sie uns schon lange nicht mehr vorbeigeschickt.

Der politische Ingenieur hat den Betrieb übernommen. Er hält alles für programmierbar, auch die demokratische Leidenschaft. Die Unterschiede zwischen den großen Parteien sind kaum größer als die zwischen Master- und Visa-Card. Ihre Sprache klingt oft mechanisch, wie vom Band.

Die anstehende Bundestagswahl ist ein guter Anlass, den Politikern eine Botschaft zu übermitteln. Dafür sind Wahlen da. Die Machtfrage wird an den Wähler gerichtet, damit er sie beantwortet.

Natürlich hätten es die Parteien am liebsten, wir riefen ihnen einfach einen der bekannten Namen zu: SPD oder CDU zum Beispiel. Das bedeutet dann für sie: Macht weiter wie gehabt! Regiert fleißig, und lasst mich mit Politik in Ruhe! Ich habe anderes zu tun!

Aber das bedeutet eben auch die Fortschreibung des

Bestehenden: Vier weitere Jahre Politik ohne Volk. Ohne Leidenschaft. Ohne Ideen.

Es gibt einen Weg, nicht zurück zu Brandt und Schmidt, aber zu neuer Leidenschaft und zu mehr Demokratie. Amerika hat ihn gerade beschritten. Der neue Präsident, Barack Obama, sagt nicht mehr »ich will«, sondern er sagt »wir können«. Er schließt ein, nicht aus. Er hat ein unerhörtes Experiment gestartet: Politik mit Volk.

Am Wahltag in Amerika, dem 4. November vergangenen Jahres, musste ich an meinen Vater denken. Wie einst er mit mir, so ging ich mit meiner fünfjährigen Tochter in ein Wahllokal in Washington. Es war in einer der Baptistenkirchen im Ortsteil Georgetown, die Menschen warteten geduldig in langen Schlangen, beobachteten uns, wie wir sie beobachteten. »Wollen die alle zu Obama?«, fragte meine Tochter.

Im Nebenschiff der Kirche standen die Wahlkabinen. Es herrschte religiöse Stille. Demokratie ist, erklärte ich flüsternd, wenn es keinen König mehr gibt und die Menschen sich ihren Präsidenten selbst wählen. »Und ich?«, fragte meine Tochter. »Warum darf ich nicht Barack Obama wählen?« Es war der erste Politikername ihres Lebens, der ihr flüssig über die Lippen kam. Eine kleine, trotzige Demokratin war geboren.

Der Weg zu einem deutschen Obama ist ein langer Weg. Politik mit Volk, Demokratie mit Leidenschaft – wir werden beides nicht geschenkt bekommen. Dieses Buch versucht einen Weg dorthin zu skizzieren. Nicht die Überwindung der Demokratie ist das Ziel, sondern die Überwindung ihrer Erstarrung. Ich glaube, es lohnt sich, diesen Weg zu gehen, auch wenn er ein Wagnis ist. Vielleicht können wir ihn zusammen gehen.

Gabor Steingart
Frühjahr 2009

SIE.

Die verschleierte Kanzlerin

Angela Merkel I.

Normalerweise ist es so: Der Bauarbeiter baut, der Lehrer lehrt, der Kellner kellnert, und der Politiker wirkt durch das Wort. Für ihn gilt: Sprich, damit ich dich erkennen kann.

Angela Merkel aber hält sich nicht daran. Sie spricht, sie spricht sogar viel, wie es das Amt der Regierungschefin von ihr verlangt, aber sie gibt sich nicht zu erkennen. Man kann sogar sagen, die Kanzlerin ist mit dem Herzeigen ihres Dekolletés gelegentlich freizügiger als mit dem Vorzeigen ihrer Überzeugungen.

Jeder Demokrat steht damit vor einer schwierigen Aufgabe. Es ist sein Ehrgeiz, eine möglichst vernünftige Wahlentscheidung zu treffen. Aber wie soll das gehen? Vernunft setzt Erkennen und Verstehen voraus. Was tun, wenn jemand sein Etikett bewusst unbeschriftet lässt?

Auf jedem Marmeladenglas sind heutzutage Fruchtanteil, Zuckergehalt und die Namen der Konservierungsstoffe verzeichnet, da würde man doch auch von der Kanzlerin gern wissen: Wer sind Sie? Woraus besteht Ihr Angebot?

Das Merkwürdige im Fall von Merkel ist, dass diese Fragen beantwortet schienen. Freund und Feind wussten, was von ihr zu halten war. Sie besaß ein sauber beschriftetes Etikett. Sie kam aus der DDR, sie wollte nie mehr dorthin zurück. Sie war im neuen, ungeteilten Deutschland eine »Zugereiste«, wie sie selbst sagte, aber eine mit Reisegepäck.

Die mitgebrachte Sprache klang erdig und klar, zuweilen altmodisch, gewachsen in Abgrenzung zum Parteichinesisch der offiziellen DDR, kultiviert in der Nische von Elternhaus und Freundeskreis. So etwas hatte man im Westen lange nicht gehört.

Ihr Lebenslauf, der sie vom Pfarrhaus in der Provinz an die Spitze von Europas größter Industrienation führen sollte, verlief krumm und schief, und sie tat nichts, ihn später zu begradigen. Als sich die Mauer am 9. November 1989 öffnete, so erzählte sie, habe sie nicht mal die Nachrichten des Tages verfolgt. In der Schönhauser Allee saß sie mit einer Freundin in der Sauna, als wenige Straßenzüge weiter Weltgeschichte geschrieben wurde.

Merkel war eine ungewöhnliche, eine deutliche und dadurch zuweilen auch schroffe Politikerin. Sie ragte aus ihrer Generation heraus, weil sie eine Ahnung des Kommenden zu besitzen schien und den Mut, es auszusprechen.

Mut ist eine der beiden knappen Ressourcen in der Politik. Die andere ist Geduld, und auch davon schien

Merkel sich einen Vorrat angelegt zu haben. Viele waren schneller, sie war gründlicher. Die anderen dachten von Landtagswahl zu Landtagswahl, sie mitunter in Jahrzehnten. Es war nicht übertrieben, diese Frau als Ausnahmepolitikerin zu empfinden.

Erinnern wir uns nur, wie sie nach oben kam. In einem Artikel für die *Frankfurter Allgemeine Zeitung* drängte die damalige CDU-Generalsekretärin den CDU-Parteivorsitzenden Helmut Kohl zur Offenlegung der heimlichen Millionenspender, von denen er und die CDU sich hatten aushalten lassen. Aus der schmucken Garde der CDU-Ministerpräsidenten wäre dieses keinem auch nur im Traum eingefallen.

»*Nur auf einem wahren Fundament kann die Zukunft aufgebaut werden. Diese Erkenntnis muss Helmut Kohl für sich annehmen*«, schrieb sie.

Weil sie ja wusste, dass Kohl diese Erkenntnis für sich niemals annehmen würde, schickte sie ihm die Rücktrittsforderung gleich hinterher, verhüllt in dünnem Zeitungspapier:

»*Die Partei muss sich zutrauen, in Zukunft ohne ihr altes Schlachtross den Kampf mit dem politischen Gegner aufzunehmen.*«

Die Partei war beeindruckt. Diese Chuzpe! Dieser Kampfesmut! Das Schlachtross zog sich tatsächlich zurück. Kaum hatte Merkel sich den Reitersattel des Alten geschnappt, sprach sie mit den Deutschen in gleicher Weise deutlich, ohne die Pflichtlügen und Zweckwahrheiten, die der normale Würdenträger für die Bürger bereithält. Merkel sagte Sätze wie diesen:

»Der Staat hat sich übernommen. Wir leben seit Langem vor allem von der Substanz. Ein Kurs des Streichens, Kürzens, Sparen ist unverzichtbar.«

Die Rentner bezog sie ausdrücklich mit ein, weil sie ja wusste, dass die Zusagen der Rentenversicherung nicht zu halten sind. Sie forderte es nicht, sie sagte nur, was ohnehin passieren wird:

»Das Rentenniveau wird langsam, aber deutlich sinken müssen.«

Bei den Steuern war ihr aufgefallen, dass die vielen um Gerechtigkeit bemühten Paragrafen des Steuergesetzbuches in eine große Ungerechtigkeit mündeten. Also bestand sie auf einem Neuanfang auch in der Steuerpolitik:

»Das bisherige Einkommensteuergesetz ist nicht mehr reparabel. Wir brauchen ein neues. Es wird Heulen und Zähneklappern geben, aber es muss sein.«

Die deutliche Angela Merkel ist so plötzlich verschwunden, wie sie aufgetaucht war. Wer nach ihr sucht, stößt auf eine Politikerin gleichen Namens, die nun das Bundeskanzleramt bewohnt. Wenn etwas deutlich ist an ihr, dann die Art, wie sie sich von der anderen Merkel unterscheidet.

Angela Merkel II.

Die neue Merkel sieht aus wie die alte, aber sie klingt anders. Vor allem handelt sie anders. Sie setzte die Renten hinauf, genehmigte ein höheres Wohngeld, zahlte mehr Kindergeld aus, hob auch die Geldzahlungen für Hartz-IV-Empfänger an und setzte ein schuldenfinanziertes Konjunkturprogramm in Kraft. Alles wird bezahlt aus jener Substanz, von der unser Staat schon so lange lebt.

Die von der Regierung festgelegten Mindestlöhne waren der letzte Streich, den die neue der alten Merkel spielte. Das fördere nur die Schwarzarbeit, hieß es bei ihr vorher. Der Staat habe bei der Lohnfindung nichts zu suchen. Mittlerweile klingt das so: Überall in Europa gebe es Mindestlöhne, in Lissabon und in Litauen. »Daran kann ich nicht einfach vorbeigehen und den Bürgern sagen, ein Mindestlohn ist ordnungspolitisch unsinnig. Punkt! Das würde keiner begreifen.«

Wer ein intaktes Riechorgan besitzt, bekommt den Geruch des Opportunismus kaum mehr aus der Nase. Selbst wer die Positionswechsel in der Sache begrüßt, sollte mit dem Applaus sparsam sein. Denn eine von beiden Positionen muss künstlich sein, vielleicht sind es sogar beide. An dieser Stelle interessiert nicht, ob der Mindestlohn segensreich oder verwerflich ist, ob die Rentner zu viel oder zu wenig bekommen. Die Botschaft ist an dieser Stelle gleichgültig. Uns interessiert die Botschafterin.

Jede Merkel für sich ist eine Möglichkeit, man kann links oder man kann rechts sein, für oder gegen Reformen, für oder gegen Schulden. Aber beide Merkels zusammen sind das Unding.

Merkel I. und Merkel II. haben die Wähler genarrt wie nur wenige Politiker zuvor. Die Reformer wählten sie zu Unrecht. Die ihnen gemachten Versprechen blieben unerfüllt. Die Reformgegner haben ihr aus falschem Grund die Stimme verweigert. Das Befürchtete geschah nicht.

In der Großen Koalition habe sie ihr Programm nicht durchsetzen können, sagt sie zu ihrer Entschuldigung. Dabei haben die stärksten Kanzler zunächst ohne jeden politischen Rückenwind gearbeitet. Adenauer wurde mit nur einer, seiner Stimme, Regierungschef – und was für einer. Schmidt lag in der Bundestagswahl 1976 um Längen hinter Helmut Kohl und erreichte das Kanzleramt ebenfalls mit nur einer Stimme Mehrheit. Na und? Es folgten fulminante vier Jahre. Kleinste Mehrheiten können ein großer Ansporn sein.

Angela Merkel aber verzichtete auf diese Kraftanstrengung. Nicht, dass sie keine Reformen durchsetzte ist der Vorwurf, sondern dass sie es nicht versucht hat. Sie hat ihre Reformagenda von einem Tag auf den anderen fallen gelassen. Sie versucht seither das Mögliche zum Richtigen zu erklären, was angesichts der tatsächlichen Lage des Landes einer Täuschung gleichkommt.

Was sich nach der Bundestagswahl ereignete, war

so, als hätte Adenauer die Westintegration versprochen, um nach nur mäßigem Wahlerfolg mit Moskau
anzubandeln, als hätte Schmidt im Wahlkampf für
finanzielle Disziplin geworben und nach nur knapp
überstandenem Wahltag das Staatsdefizit hemmungs-
los erhöht. Merkel bot eine tolle und für die politische
Bühne ungewöhnliche Verkleidungskomödie, bei der
sich am Ende des Stückes herausstellte, der Zuspruch
war so unbegründet wie die Ablehnung.

Aber vielleicht liegt dem eben Gesagten schon wieder ein Irrtum zugrunde. Wer sagt eigentlich, das
Stück sei zu Ende? Vielleicht beginnt bald schon der
dritte Akt. Die Hauptdarstellerin bewirbt sich ja
gerade für eine Fortsetzung nach dem Wahltermin.
Niemand weiß, wie dann die Rolle der Merkel besetzt
sein wird, wahrscheinlich nicht mal sie selbst.

Wer ihre Verwandlung verstehen will, muss sich den
Abend des 18. September 2005 ins Gedächtnis rufen.
Es war der Tag jener Bundestagswahl, die Schröder
verlor und Merkel nicht gewann. Erstmals in der
Geschichte der Bundesrepublik war keine der Volks-
parteien stark genug, zusammen mit einer kleineren
Partei zu regieren.

Ermattet fielen sich die beiden Volksparteien in die
Arme. Der 18. September 2005 war nicht der Tag, an
dem die Krise der deutschen Nachkriegsdemokratie
ausbrach, aber es war der Tag, an dem sie sich erstmals
in dieser Deutlichkeit zeigte.

An jenem Wahlsonntag vor vier Jahren wurde Angela Merkel gegen Mittag die erste Prognose gereicht.

Aus den sensationellen 48 Prozent, die man ihr zu
Beginn des Wahlkampfes prognostiziert hatte, waren
nun mickrige 39 Prozent für die CDU geworden. Und
der Wahltag hatte erst begonnen.

Die ersten Zahlen der Forschungsgruppe Wahlen
waren ein böses Omen für sie. Denn die ersten Zahlen
sind immer gnädig mit den Konservativen. Deren
Wähler stehen früher auf als die der anderen Parteien
und eilen nach dem Frühstück oder dem Kirchgang
schnurgerade zum Wahllokal. Das ist die jahrzehnte-
lange Erfahrung der Demoskopen.

So musste die Oppositionsführerin mitansehen, wie
mit jeder neuen Depesche der Meinungsforscher ihr
Vorsprung dahinschmolz. Am Abend, zum Schluss-
gong, waren ihr nur noch 35,2 Prozent geblieben. Merkel konnte heilfroh sein, dass die Wahllokale endlich
ihre Türen schlossen.

Nur noch 1 Prozent trennten die Union von der
SPD, was einer unerhörten Niederlage gleichkam.
Der Satz von Joachim Fest, dass in der Politik bloßes
Wissen so wenig bewirkt wie bloße Emotion, bewahr-
heitete sich für sie auf dramatische Weise. Der Wähler
hatte ihre Klugheit als kühl, ihr Programm als
unbarmherzig und ihre Person als fremd empfunden.

Ihr Gegenspieler Gerhard Schröder triumphierte an
jenem Abend, wie man selten einen Politiker in der
Öffentlichkeit triumphieren sah. Er hatte monatelang
wie ein Löwe um den Verbleib im Kanzleramt
gekämpft. Als er im Fernsehstudio auf Merkel traf,
glaubte er noch an ein Wahlwunder. Sie werden nie

Bundeskanzlerin, nun lassen Sie mal die Kirche im Dorf, Sie können es nicht, fauchte er sie an.

Wer in dieser Nacht Angela Merkel traf, stieß auf eine Frau, die sich am besten mit den Worten grimmig-entschlossen beschreiben lässt. Merkel hatte sich nach der Fernsehsendung mit ihrem silbernen Dienst-BMW in die CDU-Parteizentrale zurückfahren lassen. Der Lärm aus dem Parterre des Konrad-Adenauer-Hauses drang nach oben. Leibwächter hatten alle Fahrstühle blockiert. Nur mit Codewörtern und Hausausweis gelangte man in die Kommandozentrale einer Feldherrin, die um ihr politisches Überleben kämpfte.

Das hieß in diesem Fall, sie telefonierte. Parteien, das wusste die Kohl-Bezwingerin, gehen mit erfolglosen Vorsitzenden nicht sehr gnädig um.

Schließlich stürmte Merkel aus ihrem Zimmer. Sie könne jetzt nicht reden, sagte sie. Und schon redete sie. Alles sei im Fluss, jede Festlegung unmöglich. Es waren noch immer nicht alle Stimmen ausgezählt. Die Mehrzahl der Sitze für die Union schien fraglich.

Sie sprach sehr ruhig. Wenn Friedrich Nietzsche recht hat, indem er Lust als »eine Reizung des Machtgefühls durch ein Hemmnis« beschreibt, dann muss Angela Merkel in der Stunde größter Not zugleich größte Lust empfunden haben. Sie wirkte jedenfalls nicht aufgelöst, wie manche Zeitungen hinterher berichteten, sie wirkte klar, konzentriert, ihre Augen blitzten.

Sie war die Königin, die nun dafür kämpfen musste, dass der eigene Hofstaat sie nicht erdolchte. Später könne man gern ausführlicher reden, sagte sie, besonders gern über das Thema »Der Wähler und die Wahrheit«. Ein feines Lächeln zog über ihr Gesicht.

In dieser Wahlnacht verlor sie den Respekt vor der Wahrheit. Sie beendete ihre Liaison mit der Wirklichkeit. Seit jener Nacht arbeitet sie ähnlich dem bildenden Künstler, der auch keinen Respekt vor dem weißen Gips hat, aus dem er sein Kunstwerk formt. Er spachtelt, knetet, schneidet weg – so lange, bis die Urmasse nicht mehr wie Gips aussieht, sondern wie die Jungfrau Maria oder ein Reiterdenkmal.

Merkel hat es im Kneten, Glätten und Verfremden der Wirklichkeit weit gebracht. Sie ist eine abstrakte Künstlerin geworden, das Gegenständliche hat sie hinter sich gelassen.

Sie will nun »Chancen wahrnehmen«, »Voraussetzungen schaffen«, sieht »Möglichkeiten eröffnet«, natürlich müssten noch »umfassende Antworten« gefunden werden, aber alles sei »auf gutem Wege«, auch wenn man »Rückschläge hinnehmen muss«, doch alles sei »voller Chancen, nach innen und nach außen«, man müsse das Land nur »gemeinsam nach vorne bringen«. So redete sie in ihrer ersten Regierungserklärung und seither Hunderte Male.

Welche Chancen sie sieht, welche Voraussetzungen sie erwartet, mit welchen Rückschlägen sie rechnet, wo für sie vorne ist und wo hinten, all das erfährt man nicht von ihr. Die neue Merkel will beliebt und nicht mutig sein. Sie will gemocht und nicht gefürchtet werden. Das Deutliche empfindet sie als nicht mehr zeitgemäß. Ihre alten »Fahnenworte«, wie Erhard Eppler die Erkennungsvokabeln eines jeden Politikers nennt, hat sie eingezogen. An ihrem Mast hängt nun, was an den anderen Masten auch baumelt. Sie will, was alle wollen, ihre Wiederwahl gewinnen, und dann sieht man weiter.

So viel Unklarheit über das politische Wollen eines Regierungschefs hat es in der bundesdeutschen Demokratie selten gegeben. Adenauer wählen hieß »Keine Experimente«, so war es auch angekündigt. Brandt wählen bedeutete das Gegenteil: Reformen überall. Schmidt war Schmidt und Kohl blieb Kohl. Die rotgrüne Regierung gab sich zumindest Mühe, die von ihr geweckten Erwartungen zu erfüllen. Wer ein latentes Durcheinander, nicht unähnlich den Verhältnissen in einer Wohngemeinschaft, in seine Erwartungen einbezog, wurde nicht enttäuscht.

Die neue Merkel aber verweigert schon die Erwartung. Sie hat sich verschleiert.

Lieber drei Nickköpfe als ein Störenfried

Es läge nahe, aus dem Gesagten den Schluss zu ziehen, die verschleierte Kanzlerin sei zugleich eine schwache Kanzlerin. Dann bräuchten wir uns mit ihr nicht weiter befassen und könnten zum Gegenkandidaten übergehen. Aber das wäre nicht nur voreilig, sondern aus zwei Gründen falsch. Wir können ihre historische Größe bezweifeln, aber nicht ihre politische Stärke.

Erstens: Die von Merkel an Merkel vorgenommene Persönlichkeitsveränderung erfordert eine Rücksichtslosigkeit sondergleichen. Jeder, der Aufsätze schreibt, weiß, wie schwer es der neue Gedanke hat, sich gegen den alten durchzusetzen. Jeder, der sich festgelegt hat, kennt den qualvollen Prozess bis zur Räumung der eigenen Position, erst recht, wenn der Vorgang sich im Scheinwerferlicht abspielt.

An der Fieberhaftigkeit, mit der Merkel ihre eigene politische Persönlichkeit neu konfigurierte und Fragen zur alten Person abschneidet, nicht versteht, mundfaul beantwortet, erkennt man am ehesten, dass die alte und die neue Merkel im engen Austausch miteinander stehen. Die eine ist nicht, wie es zunächst schien, die Vorgängerin der anderen. Beide sind Komplizen.

Das Undeutliche hat ihr niemand aufgenötigt, auch nicht der Wähler. Es entspringt ihrem Willem, dem Willen zur Macht. Sie hält es angesichts der Mehrheitsverhältnisse im Land für klug, eine undeutliche Politikerin zu sein, so wie sie es zuvor für ratsam hielt, deutlich zu sein. Je weniger sie von sich zu erkennen gibt, desto höher sei die Zustimmung, die sich am Wahltag im Herbst dieses Jahres erzielen lasse, glaubt sie. Sie will diesmal in beiden politischen Lagern abkassieren. Die einen sollen jene Merkel wählen, welche die anderen nicht mal grüßen würden – und umgekehrt.

Das ist die wohl kühnste Wahlstrategie, die das Land

je gesehen hat. Und bedenklich ist sie auch: Gute Gründe schaffen keine demokratische Legitimation.

Zweitens: Die Kanzlerin hat in den vergangenen vier Jahren ihre politische Kraft nicht in die Sache selbst investiert, wohl aber in die Herrschaftssicherung.

Auf diesem Feld errang sie ihre größten Erfolge. In Partei und Fraktion hat sie heute das Sagen. Auch wenn im Fernsehen zuweilen ein anderes Gesicht für die CDU auftaucht, ein Ministerpräsident oder der Fraktionschef im Bundestag, so hört man doch stets ihre Stimme.

Ihr neues Ziel ist nicht mehr die Veränderung des Landes, sondern die Geschlossenheit der Union. Mit Leidenschaft arbeitet sie daran, lobt, tadelt, bestraft. Politiker werden von ihr mit großer Fingerfertigkeit versetzt, befördert oder wie Friedrich Merz verstoßen. Es gilt das unausgesprochene Motto: Lieber drei Nickköpfe als ein Störenfried.

In Sachen Herrschaftssicherung hat sie Helmut Kohl bereits übertroffen. Der musste sich noch mit einem Fraktionschef Wolfgang Schäuble herumschlagen, der nach außen loyal, aber nach innen hartleibig war. Schäuble bellte nicht, aber er konnte zubeißen.

Merkel dagegen suchte sich einen Fraktionsvorsitzenden, der ihr die Parlamentsmehrheit gefügig hält. Es soll nach Demokratie aussehen, aber in Wahrheit bevorzugt sie eine gutartige Form der Despotie.

Werfen wir einen Blick in das weite Rund des Deutschen Bundestages, um diese zugegeben strenge Behauptung zu überprüfen. Da sehen wir in der ersten Reihe, vis-à-vis der Kanzlerin, den Chef der größten Regierungsfraktion sitzen. Volker Kauder ist sein Name. Man erkennt ihn daran, dass er gerne lacht.

Der Jurist aus Baden-Württemberg ist kein unrechter Kerl. Wenn man ehrlich ist, muss man sogar sagen: Er ist sympathischer und menschlicher als viele seiner Kollegen. Die Menschen teilen sich im Alltag keineswegs in links und rechts, dumm und gescheit, arm und reich, modern und bieder, die wahre Trennlinie verläuft zwischen angenehm und unangenehm.

Kauder ist in einem zynischen Gewerbe der vielleicht am wenigsten Zynische. Nur eines ist er eben nicht, der Kontrolleur und oberste Aufseher über die Kanzlerin, obwohl eine funktionierende Gewaltenteilung genau diese Rolle für den Fraktionsvorsitzenden einer Regierungspartei vorgesehen hat.

Herbert Wehner beaufsichtigte Brandt, Schäuble belauerte Kohl, Müntefering funktionierte als Schröders Korrektiv. Kauder aber ist Merkels oberster Untertan. Er kontrolliert die Kanzlerin nicht, er bewacht sie.

Kanzlerdemokratie wird dieses Prinzip genannt.

Partei ohne Grandezza

Man musste die alte CDU nicht mögen, aber respektieren musste man sie schon: Sie war von kerniger Natur. Zusammen mit den westlichen Alliierten hatte sie das Land nach dem Zweiten Weltkrieg in das westliche Bündnis integriert, die soziale Marktwirtschaft erfunden, Deutschland wiederbewaffnet und später dann wiedervereinigt. Von den 60 Jahren Bundesrepublik regierte die CDU 40 Jahre.

Wobei regieren auch hieß, sich gegen den Widerstand der zweiten großen Partei durchzusetzen. Die kantige Opposition der SPD hat der CDU gutgetan, das Wirtschaftssystem wurde menschlicher und die Außenpolitik der neuen Republik vorsichtiger. Die alte CDU rieb sich an der SPD, bis die Funken sprühten.

Diese CDU war konservativ und zuweilen klerikal, sie war oft besserwisserisch und bieder, vor allem aber war sie die Alternative zur Sozialdemokratie. Der Unterschied zwischen beiden großen Parteien musste nicht erst von PR-Experten in sie hineingedichtet werden. Er war da. Man konnte ihn fühlen und schmecken. Man konnte den Bürger nachts aufwecken, und er wusste ihn zu benennen.

Sagte die SPD Steuererhöhung, rief die CDU Steuersenkung, verlangten die Linken nach dem Staat, bestanden die Konservativen auf Privatinitiative. Die Gesellschaft müsse sich mehr um die Kinder kümmern, sagten die Sozialdemokraten. Nein, das ist Aufgabe der Familie, erwiderten die anderen.

Die einen stärkten die Freiheit des Unternehmers, die anderen die Macht der Gewerkschaften. Die Konservativen hielten engen Kontakt zu Amerika, die anderen schauten mit einem Auge immer auch nach Osteuropa.

Dem Land ist dieses Wechselspiel gut bekommen. Offenbar brauchen wir zum guten Leben immer zwei, zwei Arme, zwei Lungenflügel, zwei Hirnhälften, Mann und Frau, Rede und Widerrede, Regierung und Opposition. Das Argument wird erst durch das Gegenargument geschärft. Die gute Idee braucht den Gegenentwurf, damit sie sich in voller Schönheit entfalten kann.

Erst der Wettstreit der großen Parteien eröffnet dem Bürger die Wahlmöglichkeit. So wie der gute Weinhändler roten und weißen Wein vorrätig hält, der kluge Lebensmittelhändler Fleisch- und Käsetheke betreibt, muss ein funktionierendes Parteiensystem mindestens zwei unterschiedliche Politikangebote für die Wähler hervorbringen. Sonst ist der Bürger zwar weiter ein Bürger, aber kein Wähler mehr. Ohne den Zweitentwurf und die Alternatividee ist er nicht viel mehr als ein Abnicker und Entgegennehmer.

Es kommt ja nicht darauf an, aus symbolischen oder sportiven Gründen alle paar Jahre zum Wahllokal zu laufen. Das konnten die DDR-Bürger auch. Wichtig ist, was man dort vorfindet. Wahl braucht Auswahl.

Wir müssen die alte CDU nicht lieben, aber als Alternativangebot müssen wir sie gern haben. Wir müssen sie sogar in Schutz nehmen und verteidigen gegenüber jedem, der ihr diese Funktion rauben will. Wer unserem Parteiensystem die CDU nimmt, amputiert der Demokratie einen Arm, ein Bein und die zweite Gehirnhälfte gleich mit.

Auch wenn es den Gefühlen vieler Menschen widerspricht, ist es so und nicht anders: Die Demokratie lebt nicht nur vom Miteinander, sie lebt in weit höherem Maße vom Gegeneinander der Parteien. Politik, diese Erkenntnis hat uns Hannah Arendt hinterlassen, beruht auf der Pluralität der Menschen; Politik handelt »vom Miteinander-Sein der Verschiedenen«.

Die Gelegenheitskonservative Merkel ist drauf und dran, der CDU das Besondere und dem Parteiensystem das andere zu nehmen. Die CDU ist heute nicht mehr die Alternative zur SPD, sondern eine Ergänzung zu ihr. Vor allem in der Wirtschafts-, Finanz- und Sozialpolitik ist kaum noch ein Verschieden-Sein zu erkennen. Beide wirken wie die zwei Schalter der einen großen staatlichen Auszahlstelle.

Die Aufhebung von Pluralität geht weit über Programmarbeit und Regierungsbeschlüsse hinaus. Selbst die einstigen Freunde der Union, Bankenvorstände und Unternehmer zum Beispiel, werden von ihr heute gemieden – oder zumindest wird so getan als ob.

Zum 60. Geburtstag von Deutsche-Bank-Chef Josef Ackermann war Gott und die Welt eingeladen, also auch Angela Merkel. Aus Termingründen, so hieß es, müsse sie leider absagen. Das besaß aus ihrer Sicht den großen Vorteil, dass kein Foto fröhlicher Zweisamkeit geschossen werden konnte. Im Wahlkampf hätte das womöglich belastend gewirkt. Ackermann ist nicht gerade der Liebling der Deutschen.

Aber verderben wollte sie es sich auch nicht mit dem Mann des Geldes. Also erhielt Ackermann kurz darauf eine Einladung in die Regierungszentrale. Er kam nach

Berlin, und im 8. Stock des Kanzleramtes, dort, wo der Blick auf den Tiergarten den Betrachter erhöht, wurde ausgelassen gefeiert, aber unter Ausschluss der Öffentlichkeit. Es gibt kein Foto, das dieses Abendessen dokumentiert. Die weiteren Teilnehmer des Essens, ein gutes Dutzend, wurden um Verschwiegenheit gebeten. Die vorsichtige Kanzlerin war bemüht, keine Spuren zu hinterlassen.

Sie nennt das die »Erneuerung der Union«, dabei trägt der Vorgang alle Züge einer Selbstauflösung. Das Markante verschwindet, das Opulente verflüchtigt sich, die Partei des politischen Barocks verliert ihre Grandezza. Es ist, als würde man in Neuschwanstein die Säulen demontieren, die Rundbögen schleifen, die Vorsprünge begradigen, bis das ganze Ensemble nicht viel anders aussieht als die Mehrzweckhalle von Wanne-Eickel.

Der Vorgang selbst ist schon bemerkenswert genug. Das Erstaunlichste aber ist die Lautlosigkeit, in der diese Schleifarbeiten vonstatten gehen. Niemand in der CDU protestierte, und wenn doch, dann nur ganz leise.

Käme in dieser Anpassungsleistung die wahre Angela Merkel zum Vorschein, müsste man damit leben. Starke Vorsitzende sollen ihre Parteien führen, notfalls auch in die Irre. Aber so genau kann das bei ihr niemand wissen.

Die neue CDU könnte genauso gut nur eine Tarnung der alten sein. Merkel hat womöglich ihren Schleier auch der CDU umgehängt.

Der Wahlkampf ist eine gute Gelegenheit, die Kanzlerin und CDU-Chefin nach ihren wahren Zielen zu befragen. Nur sie selbst kann für Klarheit sorgen. Wer ist sie? Das wüsste man zu gern. Aber womöglich ist das schon zu groß gefragt. Die nächstkleinere Frage tut es auch: Welche Angela Merkel will sie beim nächsten Mal sein?

Bisher hält sie die Antwort geheim.

ER.

Ein erstklassiger zweiter Mann

Die SPD. Deutschlands unglücklichste Partei

Beim Spitzenkandidaten der SPD, Frank-Walter Steinmeier, liegen die Dinge einfacher. Der Mann ist kompetent, tüchtig, gradlinig. Im kleinen Kreise redet er, anders als im engen Frack des Außenministers, klar und verständlich. Er kann lachen. Er kann was vertragen. Er hat Nerven wie Drahtseile.

Nur wirkliche Macht besitzt er keine. In der Außenpolitik unterliegt der Vizekanzler der Richtlinienkompetenz der Bundeskanzlerin. Seine Chefin heißt Merkel. In der Parteipolitik, wo er den Posten des Vize-Vorsitzenden bekleidet, hat der SPD-Vorsitzende das Sagen. Hier heißt sein Chef Franz Müntefering.

So wie er zuvor Gerhard Schröder diente, so dient Steinmeier nun eben zwei Herren. Dass der eine Herr eine Dame ist, ändert nichts an der Rollenverteilung. Steinmeier ist, was er immer war, ein erstklassiger zweiter Mann. Sein Leben verbrachte er im Schatten anderer, ohne je daran Anstoß zu nehmen. Er war kein Untertan, aber ein Gefolgsmann, zeitlebens. Seine Schicksalszahl ist die Zwei.

Das ist keine Kritik an ihm, nicht mal ein Hauch davon. Führung braucht Geführte. Der erste Mann jeder Gefolgschaft ist für das Gelingen der Operation fast so wichtig wie der Führende selbst. Gut gedacht, aber schlecht gemacht nützt bekanntlich nicht viel.

Auffällig ist allerdings, dass die SPD von Steinmeier gar keine Führungsleistung erwartet. Sie hat ihn nicht engagiert, damit er ihre Probleme löst, sondern damit er ihre Probleme verdeckt. Einen Wahlkampf lang soll ein Pragmatiker an der Spitze des sozialdemokratischen Spielmannszuges stehen, auch damit man die Trommler dahinter nicht sieht. In Wahlkampfzeiten müssen sie die Stöcke ohnehin ruhig halten.

Aber worin liegt nun das Problem der SPD, das er verdecken soll? Die Überzeugungstäter und Eiferer sind noch das geringste. Schwerer wiegt etwas anderes. Man kann es kaum aussprechen, ohne in den Verdacht zu geraten, der Partei Böses zu wollen. Aber die Wähler ahnen es ohnehin: Die SPD weiß nicht, was sie will. Sie ist zwar 145 Jahre alt, aber sie weiß vor allem, was sie nicht will. Das ist nicht dasselbe.

Es fängt schon mit ganz praktischen Fragen der Wahlkampfführung an: Soll die SPD im Wahlkampf über Reformen reden oder lieber nicht? Soll sie eher der Freund der Aufstiegswilligen oder der Anwalt der Ängstlichen sein? Will sie die Linkspartei angreifen, umarmen oder ausgrenzen? Und selbst auf die Frage aller Fragen weiß sie keine ehrliche Antwort zu geben: Soll sie nach der Wahl wirklich weiterregieren, und wenn ja mit wem?

Die SPD-Führung würde es gern verhindern, dass diese Fragen offen diskutiert werden. Aber sie werden diskutiert. Überall, wo sich zwei Sozialdemokraten begegnen, reden sie über nichts anderes. Wie siehst du die Sache, Genosse? In welche Richtung sollen wir marschieren?

In dieser Zögerlichkeit, diesem unruhig von einem Bein auf das andere treten, kommt die Skepsis gegenüber dem Regieren zum Ausdruck. Diese Skepsis ist keine Marotte, die erst in jüngster Zeit zu beobachten gewesen wäre. Die deutsche Sozialdemokratie plagt sich mit diesem Selbstzweifel von Kindesbeinen an. »Die Partei ist politisch korrekt, die Wirklichkeit ist es nicht«, beschreibt Wolfgang Nowak, einst Schröders Strategieberater im Kanzleramt, den Zwiespalt der Partei.

Anders als ihre Brüder in Amerika, die Demokraten, oder ihre Schwesterpartei in England, die New Labour Party, ist die deutsche Sozialdemokratie von Haus aus keine Regierungspartei, sondern eine Partei des Widerstands. Sie entstand in der Illegalität und wurde oft dorthin zurückgedrängt, von Bismarck, von Hitler, von den Funktionären der SED.

Von 145 Lebensjahren hat die SPD 115 Jahre in Opposition oder Verbannung verbracht. Viele ihrer Mitglieder sind in Hitlers Konzentrationslagern und später dann in Ulbrichts Zuchthäusern gestorben.

Keine andere sozialdemokratische Partei blickt auf eine ähnlich düstere Vergangenheit zurück.

Die amerikanischen Demokraten heutiger Prägung regierten seit ihrer Gründung 1828 die USA 80 von 180 Jahren und Labour hielt seit seiner Gründung im Jahr 1900 immerhin 38 von 108 Jahren den Regierungssitz in Downing Street No. 10 besetzt. Wenn es sein muss, wird nach Kräften opponiert. Aber eben nur dann.

Die SPD scheint am glücklichsten, wenn sie nicht regieren muss. Dann schnurrt die Partei wie eine Katze. Der Gefühlshaushalt ihrer Mitglieder ist ausgeglichen, wenn sie Programme schreiben oder Protestplakate malen dürfen. Die Worte »Nein« und »Niemals« lernt ein Sozialdemokrat schon in der Jugendorganisation. Die Worte »Ja« und »So machen wir es besser« kommen sehr viel später und bei vielen nie dazu.

Für Frank-Walter Steinmeier und Franz Müntefering wird es ungemütlich, wenn sie die Wahl verlieren, heißt es allenthalben. Aber das stimmt nicht. Ungemütlich wird es, wenn sie die Wahl gewinnen. Denn die SPD will im Grunde ihres Herzens nicht gewinnen. Nicht die Niederlage, der Triumph bereitet ihr die größeren Schmerzen. Viele Genossen beginnen just an dem Tag zu leiden, an dem man ihnen den Siegerkranz aufsetzen will.

Mit dem tatsächlichen Können der SPD als Regierungspartei hat dieser Hang zur Opposition nichts zu tun: Die SPD regiert, wenn sie denn regiert, nicht schlechter als die CDU. Sie kann mit Geld genauso gut oder genauso schlecht umgehen wie die anderen Parteien auch. Die Genossen lassen die Tassen im Schrank. Ihre Außenpolitik ist solide und war unter Brandt sogar wegweisend.

Von Kultur versteht sie eindeutig mehr als die CDU. Am Geistesleben nehmen Deutschlands Konservative seit jeher eher als Zuschauer teil. Männer wie den ehemaligen Kulturstaatsminister Michael Naumann hat die CDU weit und breit nicht zu bieten. Schriftsteller konnte die Union in nennenswerter Zahl noch nie begeistern.

Auch die Landesverteidigung, obwohl nicht das Herzensanliegen der SPD, liegt bei ihr in guten Händen. Die SPD-Verteidigungsminister stehen so treu zur Bundeswehr wie der Hofhund zum Hof.

Das Problem ist ein mentales. Im Innersten der Parteiseele sträubt sich etwas, wenn es ans Regieren geht. Die Partei will im Grunde nicht, dass aus bis dahin unauffälligen Vorstandsmitgliedern und einfachen Abgeordneten nun Minister und Staatssekretäre werden. Das Herz fängt bei vielen Genossen an zu rasen, und die Nackenhaare stellen sich ihnen auf, wenn sie nur daran denken.

Wer Sozialdemokraten und Grünen aus der Nähe beim Regieren zugeschaut hat, weiß, dass die Sorgen der einfachen Mitglieder nicht völlig aus der Luft gegriffen sind. Ein leichter Hang zu Angebertum und Abgehobenheit lässt sich schwerlich bestreiten.

So hatte es sich der spätere Schröder angewöhnt, an der frischen, noch nicht brennenden Cohiba-Zigarre so vernehmlich zu schmatzen, bis sein Staatssekretär und Regierungssprecher endlich mit dem Feuer herbeisprang. Das fröhliche Grunzen seines Chefs, wenn dann die ersten Wölkchen aufstiegen, musste ihm als Dankeschön genügen.

Joschka Fischer ließ beim Joggen gern die gepanzerte Limousine hinterherfahren, aus Sicherheitsgründen, hieß es. Aber wer das Vergnügen hatte, sich mit ihm gemeinsam am Laufsport zu erfreuen, der wusste, dass er den Männern vom Bundeskriminalamt hinterm Rücken oft kleine Zeichen gab. Eines davon bedeutete: Habe Durst, bitte vorfahren. Die Limousine setzte dann zum Überholmanöver an, die Panzertür öffnete sich, und Wasser in kleinen, modischen Plastikflaschen wurde gereicht. Das Amt verändert einen mehr als man selbst das Amt, hat Fischer später selbst eingeräumt.

Schon auf der Ebene der hohen Berater herrschte ein elitäres Kastendenken. Unvergessen ist, wie ein Abteilungsleiter im Kanzleramt, Genosse quasi von Geburt an, seine neuen Schuhe vorzeigte. Handarbeit aus England, 400 Euro kostete das Paar, der Werbeslogan der Herstellerfirma lautete: »The shoe for the few«, der Schuh für die Wenigen, wie der Genosse nicht ohne Stolz berichtete.

Diese kindlichen Übertreibungen können nur den Puristen empören, und auch die einfachen Mitglieder werden sie ihren Würdenträgern womöglich nachsehen. Aus Sicht der Psychoanalyse sind derartige Angebereien das Syndrom einer harmlosen »Aufstiegsneurose«. Wirklich schmerzhaft aber sind die neuen Worte, die der einfache Genosse nach der Regierungsübernahme nun jeden Morgen in der Zeitung lesen muss: Koalitionsvertrag, Kompromiss, Verantwortung. Lieber liest das gewöhnliche Mitglied etwas anderes über seine Truppe: Widerstand, Opposition, Gegenantrag.

Für gestandene Sozialdemokraten im Willy-Brandt-Haus ist das Gemurmel und Gemaule der Basis zuweilen zum Verrücktwerden. Da rackert die Partei einen Wahlkampf lang, um endlich regieren zu dürfen. Doch kaum beziehen SPD-Politiker ihre Amtszimmer und fahren in schwarzen Limousinen vor, beschleicht die Mitglieder ein mulmiges Gefühl. Der Konservative, der regieren darf, sagt sich: Recht so. Der Sozialdemokrat, dem Gleiches widerfährt, denkt sich: Auweia.

Dem braven Sozialdemokraten geht es zuweilen wie Hans im Glück, dem Märchenhelden der Gebrüder Grimm. Der bekam vom Meister einen Goldklumpen ausgehändigt und litt an der Last des Goldes. Er tauschte den Klumpen gegen ein Pferd, das Pferd bald darauf gegen eine Kuh, die Kuh schließlich gegen ein Schwein, das Schwein gegen eine Gans, die Gans gegen einen Schleifstein, der ihm wenig später beim Trinken in den Brunnen fiel. »So glücklich wie ich gibt es keinen Menschen unter der Sonne«, rief Hans daraufhin aus.

Die SPD wirkt mit jedem Machtverlust ebenfalls freier als zuvor. Bei der vergangenen Wahl tauschte sie das Kanzleramt gegen das Amt des Vizekanzlers, und viele atmeten auf. Sie wurde das Verteidigungsministerium los, und man empfand es als Erleichterung, nicht mehr den Krieg in Afghanistan organisieren zu müssen. Das Wirtschaftsministerium fiel an die Konservativen, so konnte man es endlich wieder vom Arbeitsministerium trennen und sich ganz auf das sozialdemokratische Kernanliegen – Beschäftigungspolitik – konzentrieren.

Mittlerweile würde selbst ein Wechsel auf die Oppositionsbank von vielen nicht als Katastrophe, sondern als Geschenk empfunden. Die lästige Linkspartei, sagen sie, ließe sich dann umso herzhafter bekämpfen. Man hört die Mitglieder einer Oppositionspartei SPD schon rufen: »So glücklich wie wir gibt es keine Menschen unter der Sonne.«

Mit ihrem Hang zum Opponieren und oft auch zum Halluzinieren lebt die SPD in einem natürlichen und schier unauflösbaren Widerspruch zu ihren Wählern. Denn die erwarten von der Politik zuallererst die Lösung der dringenden Gegenwartsaufgaben. Fleißig, hartnäckig und mit Mutterwitz wollen sie ihre Politiker bei der Arbeit sehen. Man will, dass Frieden herrscht. Man will, dass es der Familie morgen besser geht als gestern. Man dürstet nach Gerechtigkeit. Der Rest ist Beilage.

Die Sozialdemokratische Partei aber erwartet von sich mehr, viel mehr. Sie ist von allen Parteien die ehrgeizigste. In ihren vitalen Tagen wollte sie immer gleich die gesamte Gesellschaft verändern, sie auf einen Schlag nicht nur gerechter, reicher, demokratischer, sondern auch noch umwelt-, frauen- und kinderfreundlicher machen. Und natürlich sollte es auch der Dritten Welt wohlergehen. Ralf Dahrendorf hat dieses Streben nach einer besseren Welt als »Lehrersozialismus« verspottet.

Er tut der Partei unrecht. Ohne Traum von der besseren Welt kann Politik nicht leben. Das Problem ist nicht der Traum, sondern der Tag zwischen zwei Träumen. Die SPD empfindet ihn nicht als Chance, sondern als Zumutung. Pragmatismus scheint ihr wie Verrat.

Dass die Welt nicht mit einem großen Schubs, sondern in vielen kleinen Schritten verbessert werden muss, leuchtet vielen Genossen zwar theoretisch ein. Doch in der Praxis hat sie die tägliche Kompromisssuche, wie sie in einer Koalitionsregierung unvermeidbar ist, ermüdet und oft regelrecht zermürbt. Schon im zweiten Regierungsjahr bekommen die einfachen SPD-Mitglieder einen Kater. Die Sachzwänge, die ständige Realitätsverpflichtung machen sie krank. Der Appetit auf Politik geht ihnen so verloren.

»Opposition ist Mist«, pflegt Müntefering zu sagen. »Regieren macht Spaß« hieß das trotzige Motto eines Festes, das die Schröder-SPD wenige Monate nach dem Einzug im Kanzleramt veranstaltete. Aber man musste sich nur die Gesichter der Abgeordneten anschauen, um zu wissen, dass hier gegen die Angst angefeiert wurde. »Regieren ist Höchststrafe« wäre das ehrlichere Motto gewesen.

Wollte Franz Müntefering seine Beliebtheit noch steigern, müsste er seinen Anhängern auf einem der kommenden Parteitage nur Folgendes zurufen: »Liebe

Genossinnen und Genossen, lasst uns heute aufrichtig sein, wie es sich für gute Sozialdemokraten gehört. Ich weiß, wie ihr euch fühlt, seit wir in Berlin regieren; ich weiß, wie uns allen dieses elendige Verantwortungs-Tragen zusetzt. Lasst uns morgen wieder tapfere Koalitionspartner sein, treu und loyal, aber einmal muss es raus, einmal darf es ausgesprochen werden: Opposition ist Mist, habe ich gesagt. Heute füge ich hinzu: Regieren ist Obermist.« Das Protokoll würde heftigen Applaus vermerken.

Die allergische Abneigung gegen Verantwortung hat praktische Folgen. Viele Mitglieder der Regierungs-SPD kehrten ihrer Partei den Rücken oder wanderten in die innere Emigration. In ihrer jüngsten, nunmehr elf Jahre dauernden Regierungszeit wurde die einst größte deutsche Partei in der Mitgliederzahl von der CDU überholt. Seit 1990 haben 400 000 Sozialdemokraten ihr Parteibuch zurückgegeben. Die zusätzlichen Mitglieder aus der Blütezeit der Demokratie, Anfang der 70er-Jahre, sind damit wieder verschwunden.

Nun soll keiner den Eindruck haben, SPD-Mitglieder seien von Haus aus Spinner oder Tagträumer. Das sind sie nachweislich nicht. Sie sind tagsüber Lehrer oder Rentner oder Angestellte im Kreiswehrersatzamt. Sie wissen sehr wohl, was ein Kompromiss ist. Sie wissen auch, was es heißt, Verantwortung zu übernehmen. In ihrem Leben geht es nicht weniger verantwortungsbewusst zu als bei Professoren und Fabrikantensöhnen.

Aber in der Politik wollen die eingefleischten Sozialdemokraten nicht ihr diesseitiges Leben fortsetzen, sondern ein zweites führen. Was die jungen Leute am Internet reizt – sich eine zusätzliche Identität zuzulegen, ein »second life« auszuprobieren –, das kennen die SPD-Mitglieder nur zu genau. Politik ist für sie nicht die Fortsetzung des Alltags mit anderen Mitteln. Politik ist für sie ein Abenteuer jenseits des Alltags, eine geistige Ausschweifung, die in der Opposition am besten funktioniert.

Ist die SPD dann überhaupt regierungsfähig? Die kurze Antwort lautet: Nein. Die längere Antwort lautet: Ja. Denn sonst müssten die anderen Parteien in einem fort regieren, und das können sie nicht. Die Regierungsfähigkeit der SPD ergibt sich in aller Regel aus der Verbrauchtheit der anderen.

Wenn es ums Regieren ging, verhielten sich Konservative und Sozialdemokraten in den vergangenen Jahrzehnten wie kommunizierende Röhren zueinander. War der Wasserstand der einen Röhre unten, drückte es das Wasser in der anderen Röhre automatisch nach oben. Machte die CDU und vorher das Zentrum schlapp, war die SPD dran – und umgekehrt.

Als nach dem Ersten Weltkrieg der Kaiser abdankte, musste die SPD die Staatsgeschäfte führen. Wer sonst? Es gab keine Alternative. Sie war nicht nur die stärkste Kraft, sie war die einzige Kraft, die den desillusionierten, heimwärts strebenden Heeren und den unruhig gewordenen Arbeitern Halt bieten konnte. Die SPD wurde in die Verantwortung gestellt, ob sie wollte oder nicht.

Am Ende der Ära Adenauer/Erhard, nach 17 Jahren CDU, war wieder ein Wechsel fällig. Die CDU wirkte erschöpft, nun musste sich die Nachkriegs-SPD beweisen. Zunächst als Juniorpartner einer Großen Koalition, gewissermaßen zum Üben, fing sie an, bis es dann auch ohne die CDU klappte.

Nun stand die Union für viele Jahre an der Seitenlinie. Solange dort die Hitzköpfe – Alfred Dregger, Franz Josef Strauß, Hans Filbinger – das große Wort führten, war die Partei zum Regieren nicht zu gebrauchen. Deutschland wollte nicht so weit nach rechts driften. Es wollte vor allem nicht Atommacht werden. Erst als die CDU mit Helmut Kohl sich wieder gefangen hatte, konnte sich die SPD in die Opposition zurückziehen.

Hätte Kohl nach 16 Jahren das Regieren beendet und einem jüngeren Konservativen Platz gemacht, die SPD wäre 1998 vermutlich noch immer nicht zum Zuge gekommen. So aber musste erneut die demokratische Zweitturbine angeschmissen werden. Die Wähler sahen sehr wohl die Sprunghaftigkeit des Gespanns Schröder und Lafontaine, sie misstrauten den Grünen, deren innerparteiliche Gärung noch nicht abgeschlossen war, aber das hielt sie nicht davon ab, das Notwendige zu tun.

Der Gedanke an vier weitere Kohl-Jahre wog schwerer als alle Vorbehalte. Nicht die SPD wurde gewählt, sondern Kohl wurde abgewählt. Da die CDU den CDU-Kanzler allein nicht wegbekam, brauchte das Volk Werkzeuge, um ihn loszuwerden,

Hammer und Brecheisen, in diesem Fall: SPD und Grüne.

Warten auf den Wahlbetrug

Da die SPD nicht weiß, was sie will, weiß auch der Wähler nicht, was er bekommt. Im Wahlkampf schickt sie ihm Staatsmänner wie Schmidt, Schröder oder jetzt Steinmeier vorbei, in der Sache gemäßigt und besonnen im Ton. In der Wahlnacht aber klopft plötzlich ein aufgeregter Vertreter des linken Parteiflügels an der Tür und spricht vom demokratischen Sozialismus, von Gegenmacht, und fängt an, Ultimaten aufzustellen.

Wer glaubt, diese Zeit sei vorbei und komme nicht wieder, muss Optimist sein. Die Tage nach dem Wahltag könnten für böse Überraschungen sorgen. Womöglich kommt der Gutgläubige dann aus dem Aufwachen gar nicht mehr heraus.

Die Versprechungen des heutigen Spitzenkandidaten, ein Bündnis mit der Linkspartei komme für ihn nicht infrage, sind ehrlich gemeint. Aber sind sie auch realistisch? Hat der Spitzenkandidat überhaupt die Macht, das zu entscheiden? Die Antwort heißt zweimal nein. In der Sekunde, wo ein rot-rotes Bündnis rechnerisch möglich ist, ist es auch politisch denkbar. Die Partei handelt eine Koalition aus, nicht der Spitzenkandidat. Sie führt, er folgt.

Wenn der Weg ins Kanzleramt über Saarbrücken

führt, ist die Wahrscheinlichkeit groß, dass dieser Weg auch gegangen wird. Der Verrat, den die SPD-Führung dann begehen wird, ist der vorhersehbarste Verrat der deutschen Parteiengeschichte.

Die Öffentlichkeit darf sich dann einige Wochen lang empören, SPD-Mitglieder wie Michael Naumann, Reinhard Klimmt, Helmut Schmidt, Bodo Hombach und Peer Steinbrück wird es innerlich zerreißen, aber große Teile der Partei werden diesen Verrat als Erleichterung empfinden, als Aussöhnung mit sich selbst. Die besondere Mischung aus Rot und Dunkelrot, aus Verantwortung und Verantwortungslosigkeit, aus Regieren und Opponieren, kommt ihrem inneren Zwiespalt sehr entgegen.

Das Leiden an der Verantwortung hat eine interessante Nebenwirkung, von der bisher noch nicht die Rede war. Es sorgt dafür, dass in der SPD zwei unvereinbare Meinungen über Oskar Lafontaine existieren.

Die Spitzen der Partei in Berlin sagen pflichtschuldig, er sei vor der Verantwortung weggelaufen. Für sie ist er ein Versager. Viele einfache Mitglieder aber sind innerlich mit ihm mitgelaufen. Sein Leiden ist ihr Leiden. Für sie ist er ein Held.

Sie wissen genau, wie ihm damals, keine sechs Monate nach der Regierungsübernahme in Bonn, zumute war. Auch sie wurden doch ständig von Fluchtgedanken befallen, spätestens als über dem Kosovo die amerikanischen Bomber kreisten.

An dieser Stelle würde nun Gerhard Schröder auflachen und einwenden: Hört doch auf, den Oskar zu verherrlichen, der hat schlechte Nerven, das ist alles.

Und wenn schon! Die Nerven des einfachen Mitglieds sind auch nicht besser. Nicht wenige Sozialdemokraten bewunderten Lafontaine für seinen Rücktritt von allen Ämtern. Freiwillig sprang er von Wolke sieben und landete im Vorruhestand.

Die Bewunderung der Genossen versteht nur, wer weiß, dass für einen braven Sozialdemokraten der Flug auf Wolke sieben eher einen Höllenritt bedeutet. Die Verantwortung schmerzt ihn. Er klebt nicht am Sessel, ihm brennt der Hintern.

In einer Koalition von Linkspartei und SPD wäre der Zwiespalt der SPD auf einmal der Zwiespalt des Landes. Deutschland würde zu schwanken beginnen wie ein Schiff im aufziehenden Sturm. Bald würde man über das Land so reden, wie man heute über die SPD redet: Deutschland weiß nicht, was es will. Will es weiter Partner in der Nato sein oder lieber Mittler zwischen den Welten? Ist Amerika noch Freund oder nur noch Partner? Wie viel Marktwirtschaft braucht das Land? Würde ein deutlich größerer Staat nicht vielleicht guttun?

Steinmeier wird sich über die Neigungen der SPD keine allzu großen Illusionen machen. Er kennt seine Genossen. Er weiß, dass die Partei von Geburt an ein linkes Herz und einen rechts davon angesiedelten Verstand besitzt. Beide Körperteile liegen meist im Streit miteinander. Das konnte er in der Endphase der Schröder-Regierung aus nächster Nähe beobachten.

Schröder hatte durch die Zusammenlegung von Regierungssamt und Parteivorsitz versucht, Herz und Verstand zu versöhnen. Nach Lafontaines Rücktritt bot sich die Chance dazu. Selbst wenn er gar nicht daran glaubte, sie versöhnen zu können, so hatte er doch gehofft, er bekomme die Animositäten besser in den Griff.

Er hat sich geirrt. Der SPD begann nun erst recht das Herz zu rasen. Sie war nun noch stärker allergisch gegen das Regieren, gegen den Kanzler und dessen Reformpolitik. Es kam zu heftigen Abstoßungsreaktionen. Das Herz wollte partout nicht mit dem Verstand in einem Körper wohnen, bis in einer dramatischen Notoperation Schröder das Herz wieder freigab, um wenigstens den Verstand zu retten. So wurde Müntefering zum ersten Mal Parteivorsitzender.

Alt-Bundeskanzler Helmut Schmidt sagt immer, es sei ein Fehler von ihm gewesen, nicht beide Ämter, das des Parteivorsitzenden und das des Regierungschefs, zu vereinen. Wenn das stimmt, dann war es der beste Fehler, der ihm je unterlaufen ist. Ohne den Mann der Herzen, Brandt, hätte der Kanzler des Verstandes, Schmidt, kaum so lange regieren können.

Eine Intrige kostet 20 Pfennig

Damit sind wir bei einer weiteren Besonderheit der SPD, über die man in Parteikreisen nicht gerne spricht. Es ist ihre ausgeprägte Lust, die eigenen Spitzenleute zu beschimpfen, zu beschädigen oder gar rücklings zu meucheln. Kaum hat es einer nach oben geschafft, sägen die anderen an seinem Stuhl, stellen Fallen, legen Schlingen aus, auf dass er sich darin verfange. Die SPD war immer beides, eine Partei der edlen Grundsätze und eine Partei der Fallensteller.

Schon in der Jugendorganisation lernt man das Handwerkszeug des Intriganten, das dann später nur noch verfeinert werden muss. Mit dem denkwürdigen Satz »Eine Intrige kostet 20 Pfennig« hat Hamburgs langjähriger SPD-Bürgermeister Henning Voscherau die rauen Sitten seiner Partei präzise beschrieben. Seither hat sich nur die Währung geändert.

Als Vorsitzender der SPD lebt man gefährlicher als auf jedem anderen Spitzenposten in Deutschland. Seit der deutschen Vereinigung im Jahr 1990 gab es drei Kanzler, vier Fußball-Bundestrainer, sechs *Spiegel*-Chefredakteure, aber acht SPD-Vorsitzende – und kein Einziger von ihnen hat auch nur eine Amtsperiode zu Ende gebracht.

Ihre Rücktritte unterschieden sich lediglich in der Rohheit, mit der man sie in die Knie zwang. Es gab die versteckte Intrige wie im Fall Kurt Beck. Der wurde im Amt entmachtet, als man ihm das vornehmste Recht, den Kanzlerkandidaten vorzuschlagen, absprach. Und es gab den auf offener Bühne inszenierten Putsch wie im Fall des SPD-Vorsitzenden Rudolf Scharping. Oskar Lafontaine redete ihn auf einem Parteitag in Grund und Boden – und trat dann überraschend als sein Herausforderer an. Normalerweise gilt: Alle lieben den Königsmord, aber keiner den Königsmörder. Die SPD aber umjubelte den Königsmörder Lafontaine und kürte ihn zum neuen König.

Selbst der heutige Säulenheilige der Partei, Brandt, war zu Lebzeiten vielfältigen Gemeinheiten ausgesetzt. »Smiling Willy« wurde er in den 60er-Jahren von seinen Gegnern geschmäht, um ihn als Mann ohne Eigenschaften zu zeichnen. Mit der Bemerkung »Der Herr badet gern lau« versuchte Fraktionschef Herbert Wehner später dann, die Autorität des Kanzlers zu unterspülen.

Nachfolger Schmidt war auch in dieser Hinsicht ein würdiger Nachfolger. Die Partei hat ihm nichts erspart. Oskar Lafontaine verglich den hanseatisch korrekten Schmidt mit einem KZ-Wächter.

Es blieb nicht bei Schmähungen. Alle drei sozialdemokratischen Kanzler der Nachkriegszeit sind von den eigenen Leuten gestürzt worden und nicht vom politischen Gegner. Der in seinem Umfeld entdeckte DDR-Spion war, wie heute jeder weiß, der Anlass, nicht der Grund für Brandts Rücktritt. Auch Helmut Schmidt hatte zunächst den Machtpoker mit den Linken in der SPD verloren, bevor die FDP das rettende Ufer bei der CDU suchte. »Der Verrat«, plakatierte die SPD in der Nacht des Koalitionswechsels. Es wäre ehrlicher gewesen, man hätte »der Selbstverrat« draufgeschrieben.

Es gehört zur Familienehre der Sozialdemokratie, dass man diese Selbstbeschädigungen nicht thematisiert. Keiner der drei Kanzler hat anschließend viel Aufhebens darum gemacht. In ihren Memoiren und Erinnerungen setzten alle den Weichzeichner ein, wenn es um die Details ihrer Rücktritte ging.

Schröder schweigt bis heute über die dramatischen Wochen vor dem Wahlabend von Nordrhein-Westfalen, als die SPD ihr Stammland verlor, und er dann seinen Entschluss zu vorgezogenen Neuwahlen bekannt gab. Der Verweis auf den Wahlausgang war vorgeschoben. Der Bedarf an »erneuter Legitimation«, von dem der Regierungssprecher sprach, ergab sich aus dem geplanten Putsch der Linken gegen die Agenda 2010. Die Linken hatten, davon findet sich kein Wort in Schröders Biografie, einen Brief verfasst, mit dessen Hilfe er zur Abkehr von der eigenen Reformpolitik gedrängt werden sollte. In diesem Brief hieß es unter der Überschrift »Neu beginnen!«:

Wir sind überzeugt, dass wir nach dem Regierungsverlust in der »Herzkammer« der Sozialdemokratie nicht einfach zur Tagesordnung übergehen können. Der anhaltende Vertrauensverlust, der sich seit zwei Jahren in massenhaften Mitgliederverlusten und Wahlniederlagen manifestiert hat, kann nicht länger mit Durchhalteparolen beantwortet werden. Die Bundesregierung und die SPD müssen stattdessen gemeinsam den Mut aufbringen, ihre Politik einer Inventur zu unterziehen. Von heute an muss ein klares Signal für eine Neuausrichtung in der Wirtschafts- und Sozialpolitik ausgehen.

Diesen Brief, unterschrieben auch von Landesvorsitzenden und Bundesvorstandsmitgliedern, hat Schröder vor seiner Entscheidung nicht zu sehen bekommen. Er wurde nicht abgeschickt. Aber er kursierte und wurde ihm – durch einen Anruf aus der Gruppe bei Kanzleramtsminister Frank-Walter Steinmeier – angekündigt. Durch den fürsorglichen Ton des Anrufers ließ sich der Mann im Kanzleramt nicht täuschen. Schröder weiß, was eine Drohung ist. Er entschied sich zur Neuwahl, auch um sich und seiner Partei einen monatelangen Richtungskampf zu ersparen.

Für den Wähler besitzt diese latente sozialdemokratische Mordlust etwas Bedrohliches. Kaum ist ihm eine Führungsfigur der SPD ans Herz gewachsen, wird sie ihm wieder entrissen. Je inniger seine Beziehung zu Brandt, Schmidt oder Schröder, desto mehr leidet er unter diesen Illoyalitäten. Sie richten sich indirekt auch gegen ihn. Mit dem Kanzler Schmidt wurde auch der Schmidt-Wähler zurückgeschubst. Die dauernden Angriffe der Linken auf Schröder verletzten auch die Schröderianer im Wahlvolk.

Und nun also: Steinmeier.

Für eine kraftvolle Kanzlerschaft fehlt ihm der Rückhalt in der Partei. Die Bändigung der SPD dürfte auch ihm nicht gelingen. Die Partei mit ihrem Elefantengedächtnis erinnert sich genau, wie auch er schon auf ihren Nerven herumgetrampelt ist.

Die Reformagenda 2010 hat er als Kanzleramtsminister in weiten Teilen mitverfasst. Es war ein liebloser Punktekatalog, notwendig in der Sache, aber unmöglich im Stil. Wohl selten haben ein Kanzler und sein Gehilfe die eigene Partei so überfallen. Friss oder stirb, Genosse, hörte man sie rufen.

Eben noch galt die »Politik der ruhigen Hand«, und plötzlich sauste die eiserne Faust auf den Tisch. Die Agenda 2010 ist bis heute ein Stück unvermittelte und damit unverstandene Politik geblieben, kühl kalkuliert und kaltschnäuzig unter die Menschen gebracht.

Als der politische Misserfolg sich abzeichnete, hat Steinmeier sich in die Büsche geschlagen. Er reklamiert bis heute kein Urheberrecht. Als Reformer will er nicht gesehen werden. Sein öffentliches Bild hält er bewusst unscharf. Er glaubt, hierin im Denken der Kanzlerin verwandt, dass Unschärfe nützt.

Steinmeier ist ein kluger, aber kein mutiger Politiker. Die Kanzlerkandidatur hat er sich nicht im Kampf geholt, sondern im Hinterzimmer gesichert. Der Kontrast zu den amerikanischen Demokraten, die ihren Spitzenkandidaten Barack Obama in einer Urabstimmung mit mehr als 40 Millionen Wählern nominierten, könnte augenfälliger nicht sein. Bei Steinmeiers Nominierung waren keine acht Personen beteiligt.

Wenn man Steinmeier mit anderen Kanzlerkandidaten der Nachkriegszeit vergleicht, kommt er Hans-Jochen Vogel wohl am nahesten. Beide sind Juristen, politische Kaltblüter von hoher Sachkunde, verlässlich und ein wenig fade. Das lässt sich auch nicht mehr ändern. Ein Apfelbaum trägt nicht auf einmal Apfelsinen. Man kann einem Menschen ein Amt übertragen, nicht aber die nötige Anziehungskraft.

Was steht auf dem Programm, wenn Steinmeier die Bundestagswahl gewinnt? Nichts, was die Welt bewegt. Wenn die SPD ihm nichts aufschreibt auch nichts, was die SPD bewegt. Steinmeiers Lebensthema ist das Dranbleiben und das Weitermachen. Das kann er. Wer mehr erwartet, ist selber schuld. Die Worte Steinmeier und Hoffnung reimen sich nicht.

SIE & ER.

Große Koalition, ganz klein

Ruhe auf der Reformbaustelle

Was waren die wichtigsten drei Herausforderungen der vergangenen Jahre?

Die Reform des deutschen Sozialstaats stand ganz vorne an. Die Zeit drängt allmählich. Das von Gerhard Schröder Begonnene war nicht neoliberal, sondern notwendig. Die Gefahr, dass der Sozialstaat nicht hält, was er verspricht, ist real. Die sozialen Sicherungssysteme Deutschlands sind, jeder weiß es inzwischen, nicht zukunftsfest. Denn die wichtigsten Verbindungsstücke zwischen heute und morgen fehlen: die Kinder.

Ohne Kinder keine Arbeiter und Angestellten, ohne Arbeiter und Angestellte keine Beiträge zu Renten-, Pflege- und Krankenversicherung, und ohne deren Beiträge wird es später keine Rente, kein Pflegegeld und nicht genügend Krankenhäuser für die geburtenstarken Jahrgänge geben können. Es ist dieser Dreipunkteplan, der Deutschland tief hinab in die Zeiten von Altersarmut und Klassenmedizin führen wird. Es ist vor allem ein Plan, der – im Unterschied zu den vielen anderen Dreipunkteplänen – funktionieren wird in all seiner unerbittlichen Logik. Wenn es nicht Sterntaler über Deutschland regnet, werden Millionen von heute Berufstätigen im Alter mit leeren Händen dastehen.

Um die Vermögenden brauchen wir uns hier nicht den Kopf zu zerbrechen. Sie haben diese gebrechlichen Systeme längst verlassen. Ihr Geld ist in Immobilien, Staatsanleihen und Aktien investiert und wird ihnen später gute Dienste leisten. Die Börse erholt sich schneller als die Geburtenrate.

Für Millionen Menschen allerdings wird es sein, als laufe der deutsche Erfolgsfilm rückwärts. Es grüßt wieder der putzige Sozialminister der 80er- und 90er-Jahre. Norbert Blüm war sein Name. Wir sehen, wie er gut gelaunt das Plakat »Die Rente ist sicher« entrollt. Konrad Adenauer taucht auf, stolz und erhaben, wie ein alter Indianer sieht er aus, die »Rente für alle« verkündete er und bekam dafür 1957 die absolute Mehrheit der Wähler als Belohnung. Zu sehen ist Reichskanzler Bismarck, der die ersten Sozialversicherungen gründete, mit dem Hintergedanken, der SPD so die Lebensgrundlage zu entziehen. Nicht mal diese Kalkulation ist aufgegangen.

Damals war Altersarmut die Regel, nicht die Ausnahme. Die Ärzte hatten nur für Wohlhabende Zeit. An fehlenden und fauligen Zähnen erkannte man die Zukurzgekommenen. Man muss ja nur in den alten, allmählich verblassenden Fotoalben unserer Urgroßeltern blättern, um zu sehen, welch weiten Weg wir gegangen sind.

Der Deutsche weiß sehr genau, wie eine Welt aussieht, in der die kollektive Absicherung nicht funktioniert. Dahin will niemand zurück. Wenn noch immer jemand sagt, jeder solle für sich selbst sorgen, dann erwidern wir ihm: Dann soll er auch selbst den Flugverkehr für sich regeln, sich selbst einschulen und unterrichten und die Verbrechensbekämpfung mit Lupe und Notizblock selbst betreiben wie einst Sherlock Holmes. Es gibt nun einmal ein paar Dinge, die kann einer allein nicht stemmen. Die Absicherung gegen Krankheit gehört dazu.

(Übrigens: Wer kein Fotoalbum besitzt, kann auch in die USA fliegen: 50 Millionen Menschen ohne Krankenversicherung leben dort. 30 Millionen beziehen Lebensmittelgutscheine vom Staat. Wer die Wohnquartiere der Armen betritt, besucht zugleich unsere Vergangenheit.)

Die Reform der Sozialversicherungen ist das Jahrhundertthema unserer Generation. Die Politiker haben dieses Problem aus dem letzten Jahrhundert mit in dieses geschleppt. Es hat sich seitdem noch vergrößert. Jeder Politiker weiß, dass es nichts zu verteilen gibt – außer einem Defizit. Es steht nicht im Belieben der Politik, Einschnitte vorzunehmen oder es zu lassen. Die Einschnitte in die heute versprochenen Leistungen kommen von allein. Es geht darum, diese Einschnitte durch rechtzeitige Korrekturen erträglich zu machen.

Die Parteien wissen das. Der gebildete Bürger ebenfalls. Nur traut sich niemand, mit der Reformarbeit zu beginnen. Einer schiebt es dem anderen vor die Tür.

Soll sich doch die CDU damit unbeliebt machen, denkt sich die SPD. Wir begehen doch keinen Selbstmord, heißt es bei der CDU, zumal die jetzigen Rentner ihre größte und treueste Wählergruppe sind. Beide Großparteien sichern daher gemeinsam den Stillstand.

Die Große Koalition hätte diesen Namen verdient, wenn sie die Parteitaktik für vier Jahre ausgesetzt und in dieser Sache den Durchbruch versucht hätte. Die gemeinsame Reform der Sozialversicherungen, das war der historische Auftrag der Berliner Regierung.

Wenn man wenigstens sagen könnte, die großen Parteien sind daran gescheitert. Jeder kann scheitern, auch Politiker. Jeder darf versagen, auch Parteien. Aus dem frühen Scheitern ist oft im zweiten Anlauf etwas Gutes geworden. Aber die Wahrheit in diesem Fall lautet: Die Große Koalition hat es nicht mal versucht. Sie hat ihren historischen Auftrag nicht angenommen.

Wer sehen will, wie sich die Zeiten verändert haben, muss sich nur die Große Koalition Ende der 60er-Jahre ins Gedächtnis rufen. Sebastian Haffner sprach damals von der »Parlamentsdiktatur«, weil politische Großprojekte durch den Bundestag gepeitscht wurden – die Notstandsgesetze und eine weitere Aufrüstung der Bundeswehr zum Beispiel –, für die es in der Bevölkerung keine Mehrheit gab. CDU, CSU und SPD waren nicht nur mutig, sie waren übermütig.

Die heutige Große Koalition ist das glatte Gegenteil. Sie ist bequem. Sie möchte Ärger mit dem Wähler um jeden Preis vermeiden. Sie traut sich nichts zu. Selbst das von beiden Partnern für richtig Erkannte, wie die Reform des Sozialstaats, fällt aus. Es wird nichts durchgepeitscht, es wird nicht mal dafür geworben. Trotz der Warnung von Franz Josef Strauß, dass Everybody's Darling am Ende Everybody's Depp ist, bevorzugen die deutschen Parteien das Gefällige.

Eine Ausnahme bestätigt die Regel: Als Arbeitsminister Franz Müntefering das Rentenalter heraufsetzte, um ein Mindestmaß an Stabilität in das System zu bringen, war das ein einsamer Entschluss. Es war keine hartherzige Sparmaßnahme, wie manche sagten, es war eine Vorsichtsmaßnahme. Aber beide Parteien ließen ihn im Stich.

Die SPD rebellierte, und um Haaresbreite wäre Müntefering auch an der CDU gescheitert. Es war der Mut eines Einzelnen, der zugleich die Verzagtheit der anderen hell beleuchtete. Merkel ließ ihn im politischen Meinungskampf allein. Sie sei CDU-Vorsitzende geblieben, wo sie Kanzlerin aller Deutschen hätte sein sollen, hat Müntefering später nicht ohne Bitternis festgestellt.

Es ist ja nicht so, dass der Abstieg in düstere Zeiten unvermeidlich ist. Es gibt viele Vorbilder, wie man ein Land wetterfest macht gegenüber dem heraufziehenden demografischen Sturm. Amerika lässt die Besten und Fleißigsten einwandern, womit auch ein ständiger Kindernachschub gesichert ist. Einwanderung ist eine Lösung, bei der nicht gespart und nicht umgebaut werden muss. Deutschland müsste dann allerdings beide Arme für andere Kulturen öffnen. Die Parallelwelt, die viele heute beklagen, müssten wir uns dann wünschen.

Norwegen ist einen anderen Weg gegangen. Das Land der großen Ölreserven hat sich eine Art überdimensionales Sparbuch eingerichtet und legt eine eiserne Reserve für die Jahre der Dürre an. Das Geld ist aller Augenblicksgier entzogen. Es wächst und gedeiht, derweil das norwegische Volk weiter schrumpft.

Merkel und Steinmeier mochten sich einen politischen Kraftakt, wie ihn das eine und das andere bedeutet, nicht zumuten. Das Volk, so hört man sie sagen, will es nicht. Das Volk will Ruhe und Gemütlichkeit, nicht Reform und Aufruhr. Die Herde will grasen und verdauen, so reden sie es sich ein.

In der Hoffnung, die Wähler mögen sich am Wahltag erkenntlich zeigen, lieferte die Große Koalition sogar zusätzliches Futter. Der Sozialstaat wurde ausgebaut. Selbst das einst von der Schröder-Regierung erlassene Gesetz, das eine Nullrunde der heutigen Rentner zugunsten ihrer Kinder vorsah, wurde fürs Erste außer Kraft gesetzt.

Merkel I. hatte die Schröder-Regelung als nicht weitgehend genug kritisiert. Merkel II. fand sie zu weitgehend. Man kann nur hoffen, dass der ehemalige Kanzler, als er im fernen Kiew oder in St. Petersburg davon erfuhr, ein Gläschen Wodka zur Hand hatte, um seinen Schmerz zu betäuben. Nun hatte Merkel ihn auch noch an Dreistigkeit übertroffen.

Finanzkrise und Führungsschwäche

Die zweite Herausforderung der Regierung bestand darin, die Finanzkrise zu bewältigen. Sie hat zwar in Amerika ihren Ursprung, aber sie strahlt aus in alle Nationen. Wenn die internationalen Finanzmärkte verrückt spielen, gibt es auch in Böblingen oder Duderstadt kein Entrinnen.

Das Wirtschaftsleben hat im vergangenen Jahr von geordnet und friedlich auf roh und gewalttätig umgeschaltet. Derartige Verwerfungen der Weltwirtschaft haben spürbare Folgen für den allgemeinen Wohlstand. Selbst die Zukunft der noch Ungeborenen bleibt nicht unberührt. Frank Schirrmacher sieht ein »Jahrhundert des Unglücks« heraufziehen, und wir können nur hoffen, dass der kluge Kopf der *Frankfurter Allgemeinen Zeitung* unrecht behält.

Wenn diese schweren globalen Unwetter überhaupt einen Wert haben, dann diesen: In solchen Situationen erkennt man die Qualität eines Regierungschefs. Der Wirbelsturm der Krise sprengt binnen kürzester Zeit den Lack ab, so dass die Grundierung eines Politikers sichtbar wird.

Die Nummer eins muss nun zeigen, was in ihr steckt. Wenn sich Geschichte mit hoher Geschwindigkeit ereignet, haben die politischen Souffleure, mit denen sich jeder Regierungschef umgibt, keinen Text zur Hand. Die Schubladen der Staatsbürokratie sind ebenfalls leer. So war es am Tag, als die Mauer in Berlin sich öffnete. So war es, als Terroristen das World Trade Center in New York zum Einsturz brachten.

In solchen Momenten zeigt sich, wer in der Lage ist, aus der Hüfte heraus Politik zu machen. Helmut Kohl suchte und fand einen Weg zur deutschen Einheit. George W. Bush suchte und verirrte sich im Irak.

Weltwirtschaftskrisen sind per definitionem Chefsache. Helmut Schmidt zeigte in solchen Fällen seine wahre Größe. Mit hoher Präzision hat er Gefahren und Herausforderungen unterschiedlichster Art in ihrem Wesen verstanden und dann gemeistert: Flutkatastrophe, Ölpreisschock, Inflation, Rezession, Terrorismus. Schmidt war für gewöhnlich kühl, in Krisen wurde er eiskalt, so hat Haffner ihn beschrieben.

Um es abzukürzen: Angela Merkel ist, nach allem, was man heute erkennen kann, kein zweiter Schmidt und kein weiblicher Kohl. Sie mag ähnlich klug sein wie Schmidt und vergleichbar zäh wie Kohl, aber ihr fehlen offenbar die zwei anderen Fähigkeiten, über die Schmidt von Haus aus und Kohl, als es darauf ankam, verfügten: Schnelligkeit und Treffsicherheit.

In der Finanzkrise fiel Merkel durch eine Politik der fahrigen Hand auf. All die problematischen Seiten ihres politischen Charakters, die sie in normalen Zeiten sorgfältig vorm Publikum verborgen hält, traten nun zutage, das Zaudern, das Abwarten, ja das Zappelige ihres politischen Naturells.

Jeder wächst mit seinen Herausforderungen, sagt der Volksmund. In ihrem Fall war es anders. Merkel schrumpfte. Sie regierte nun unter ihren Verhältnissen.

Sie sprach mit vielen Fachleuten, aber die Fülle der Ansichten, die sie in sich aufsaugte, gab ihr keine Festigkeit im Standpunkt. Sie wusste am Ende alles und doch nichts. Sie wirke verloren, schrieb der britische *Economist*.

Es gibt auch in der Politik Momente der Schönheit und der Eleganz, wenn strategische Spielzüge sichtbar werden, wenn kluge Entscheidungen getroffen werden, wenn ein Politiker eindringlich spricht, gefühlvoll erläutert und die natürliche Distanz zum Publikum – und sei es für einen historischen Augenaufschlag – sich auf ein Minimum verringert. Der Politiker und das Volk sind sich in solchen Augenblicken sehr nahe.

Schon die richtigen Worte können Zauberkraft entfalten, sie vermögen ein Volk zu beruhigen und einen kranken Menschen können sie sogar heilen. Nichts davon ist Angela Merkel gelungen. Sie fand nicht den richtigen Ton. Sie war sprachlos, selbst als sie redete. Sie wirkte wie eine Getriebene, als es auf ihre Führungsstärke ankam.

Zunächst hatte sie das Thema Finanzkrise gar nicht richtig ernst genommen. Vielleicht werde die Krise »Deutschland berühren«, sagte sie im Frühjahr 2008. Dann, als aus der Berührung ein Nackenschlag geworden war, überließ sie ihrem Finanzminister das Geschäft. Tagelang war Merkel nicht an Deck.

Sie dürfe nicht das Gesicht der Krise werden, hatten die Kanzlerberater ihr geflüstert. Sie wissen aus Erfahrung, dass Merkel gern zaudert und es nicht mag, wenn ihr das einer unter die Nase reibt. Also veredelten sie ihrer Chefin das Unentschieden-Sein und erklärten es zur Strategie. So bekommt jeder Regierungschef den Rat, den er sich wünscht.

Das Konstante ihrer Politik war in den nun folgenden Monaten das Flatterhafte. Tagelang schwieg sie zu staatlichen Garantien für Spareinlagen, bevor sie aus heiterem Himmel eine Generalgarantie aussprach. Ein Rettungspaket für angeschlagene Banken lehnte sie ab, bevor sie es auf den Weg brachte. Ein europäisches Vorgehen fand sie unnötig, bevor sie es richtig fand. Sie stellte den ehemaligen Bundesbank-Präsidenten Hans Tietmeyer im Bundestag als ihren Berater vor und zog ihn wenige Stunden später zurück. Sie lehnte ein Konjunkturprogramm ab, um unter dem Druck der Ereignisse dann gleich zwei davon zu verabschieden. Sie war gegen Steuersenkungen – und gab dann doch den Weg dafür frei.

Zu den unbestreitbaren Vorteilen solcher weltwirtschaftlichen Eruptionen gehört, dass plötzlich wieder Wettbewerb herrscht. In der Innenpolitik hat die Große Koalition zwar die Konkurrenz der Ideen und Persönlichkeiten weitgehend beseitigt, in der internationalen Staatenwelt aber wird dafür umso härter um Führung gerangelt. Mit Nicolas Sarkozy in Paris und Gordon Brown in London gingen zwei Konkurrenten an den Start. Beide kamen nach Merkel ins Amt. Jeder forderte den anderen heraus: Wer hat die bessere Idee? Wer stößt im Kreis der anderen Staatenlenker auf Unterstützung? Wem gehört das Ohr des US-Präsidenten?

Angela Merkel hat in diesem weltweiten Spiel keine Punkte sammeln können. Als der internationale Geleitzug in Richtung eines milliardenschweren Rettungspakets rollte, waren es andere, die die Gleise verlegt hatten. Die Amerikaner verabschiedeten das erste große Hilfspaket. Die Franzosen organisierten ein abgestimmtes europäisches Vorgehen. Der britische Premier lieferte zunächst die entscheidenden Ideen zur Akutversorgung des Finanzsektors – schnelle Liquidität für den Augenblick, staatliche Beteiligung an den Banken auch über den Tag hinaus.

Die Kanzlerin ist dann gerade noch rechtzeitig auf den fahrenden Zug aufgesprungen. Ihre Aufgabe war es nun, die Zustimmung von Parteien und Ländern in Deutschland zu sichern. Das hat sie gut und schnell hinbekommen.

Helmut Schmidt wusste in Krisen die Sofortmaßnahme von der Lösung zu unterscheiden. Bei Hochwasser helfen Sandsäcke, gegen Hochwasser helfen ein hoher Deich und die Renaturierung des Flussverlaufs. In der Vertrauenskrise an den Finanzmärkten helfen Tonnen von Geld, gegen eine Wiederholung der Finanzkrise hilft eine neue Weltfinanzordnung, in der Stabilität und nicht Spekulation die geistige Leitwährung ist.

Angela Merkel ist über das Verteilen von Sandsäcken nicht hinausgekommen. Was sie bei den internationalen Konferenzen an Plänen zur Neuordnung der Finanzmärkte vorlegte, war nicht der Rede wert. Mehr Transparenz lautete ihr Schlachtruf. Sie plädierte für mehr Kontrollen, für Verbote und Reglementierungen aller Art, um die Banken stärker an die Kandare zu nehmen. Ihre Beamten im Kanzleramt hatten alles aufgeschrieben, was sich die Beamten in den Aufsichtsbehörden schon seit Jahren an neuen Befugnissen wünschen.

Nichts davon ist falsch. Aber nichts davon hat mit dem Kern der Krise zu tun. Es handelt sich um exakt jenes Politikerverhalten, wie es Oscar Wilde in seinem Essay »Der Verfall des Lügens« beschrieben hat: eine Verdrehung von Tatsachen, gestützt auf Argumente. Denn natürlich haben inkompetente Aufseher und gierige Banker in diesem Stück ihren Auftritt, aber eben nur in Nebenrollen. Die Rolle des Paten teilen sich der ehemalige US-Notenbankchef Alan Greenspan und der ihm vorgesetzte US-Präsident George W. Bush, an die sich die deutsche Regierungschefin aber mit ihrer Kritik nicht heranwagte.

Als Chef der Notenbank betrieb Greenspan nach den Terroranschlägen auf das World Trade Center eine Politik des billigen Geldes. Wie im Rausch senkte er die Zinsen. Bald schon war es leichter, in Amerika einen Kreditgeber zu finden, als in Berlin-Mitte einen Parkplatz.

Diese zusätzliche Liquidität führte zu einer Spekulationswelle historischen Ausmaßes. Die zusätzlichen Greenspan-Milliarden wurden nicht in zusätzliche Produktionsanlagen oder neue Ideen investiert, sondern sie wurden konsumiert. Die Amerikaner kauften mehr Burger, mehr Telefone, mehr Autos, mehr

Häuser – und trieben so vor allem die Preise auf dem Immobilienmarkt in die Höhe.

Die Preise für Eigenheime hatten sich nach den Terroranschlägen verdoppelt. Die gestiegenen Hauspreise dienten dann wieder als Beleihungsgrundlage für weitere Konsumentenkredite. Der private Schuldenstand kletterte innerhalb der Bush-Jahre von acht Billionen Dollar auf 14 Billionen Dollar. Auch der Staat steigerte seine Schulden. In den letzten Bush-Jahren lieh sich Amerika, Private und Staat, eine Milliarde Dollar pro Werktag im Ausland. Zwei Drittel der weltweiten Ersparnisse flossen in die USA, wo man seit Längerem schon das Sparen eingestellt hatte.

Wer ein Gespür für ökonomische Zusammenhänge besaß, konnte fühlen, wie das Unheil sich ankündigte. Viele Experten misstrauten daher dieser Politik. Der Deutschland-Chef von McKinsey warnte 2007 vor einem »Erdbeben im Weltfinanzsystem«. Der Obama-Berater Lawrence Summers hielt die Entwicklung am amerikanischen Immobilienmarkt zur selben Zeit für so gravierend, dass »die Negativfolgen noch über das Ende des Jahrzehnts hinaus spürbar bleiben«. »Wir erleben nun, dass die überschüssige Liquidität ein beunruhigendes Ausmaß erreicht hat«, schrieb der Chefökonom bei Barclays Capital, Thorsten Polleit, in seiner Analyse Mitte des Jahres 2007. Auch ich kam, nach Gesprächen mit Wirtschaftsweisen und dem damaligen Chef von Goldman Sachs, Hank Paulson, in *Weltkrieg um Wohlstand*, erschienen im Frühjahr 2007, zu dem Schluss:

»In den USA ist ein in sich geschlossener Kreislauf der wundersamen Geldvermehrung entstanden. In den Bankbilanzen ist das ganze Ausmaß der Selbsttäuschung zu besichtigen. Mit Fug und Recht kann man heute sagen: Die Wirtschaftskrise, die der Welt ins Haus steht, ist die bestprognostizierbare der neuen Geschichte.«

Die Daten, auf die sich derartige Mahnungen stützten, waren frei zugänglich. Die wiederholten Zinssenkungen und Steuersenkungen – immerhin 15 in sieben Jahren – der Bush-Jahre hatten die Schulden von Staat und Privathaushalten auf historische Rekordhöhen steigen lassen. Die Spekulationsblase wuchs. Das Geldgewerbe erlebte eine Scheinblüte.

Greenspan war verantwortlich, aber nicht alleine. Es handelte sich auch um ein Systemversagen. Denn anders als die Bundesbank und die Europäische Zentralbank ist die amerikanische Notenbank von der Politik abhängig. Greenspan wurde angetrieben von US-Präsident Bush.

Gegen die Terroristen im Ausland helfe das US-Militär, so glaubte der. Gegen Angst und schlechte Stimmung im Inland setzte er auf die zusätzlichen Milliarden der Notenbank. Kauft ein, rief er seinen Landsleuten nach den Terroranschlägen zu.

Die Notenbank, auch das kommt hinzu, ist nicht allein der Inflationsbekämpfung verpflichtet. Sie soll sich, so sieht es ihr gesetzlicher Auftrag vor, auch um ein hohes Wirtschaftswachstum kümmern, was dazu führen kann, wie hier geschehen, dass sie die Inflation durch immer neues Geld aus der Gelddruckmaschine bewusst entfacht.

Die Gleichzeitigkeit von Wachstumsförderung und Inflationsbekämpfung überfordert jede Notenbank. Sie kann nicht zugleich hü und hott rufen. Wenn sie es dennoch tut, darf sich keiner wundern, wenn die Pferde mit ihr durchgehen.

Zurück zu Merkel: Sie hat den Charakter der Krise, das Wesen des Taifuns, der über die Welt rast, bis heute nicht erfasst. Wo die Analyse nicht trifft, zielt auch die Therapie daneben. Nicht mangelndes Wissen, sondern überschüssige Liquidität hat die Verwerfungen ausgelöst. Nicht der Mann im Aufsichtsturm, der Mann an der Gelddruckmaschine verdient unsere Beachtung.

Die politische Abhängigkeit der amerikanischen Notenbank ist ein schwerer Konstruktionsfehler, weil sie zur Politisierung der Geld- und Währungspolitik geführt hat. Die sollte beendet werden, nur Unabhängigkeit schafft neues Vertrauen. Der Auftrag der Notenbank müsste zudem geändert werden. Nur die Konzentration auf das eine Ziel, die Inflationsbekämpfung, garantiert Erfolge.

Auch die Berechnung der Inflation müsste verändert werden. Heute beobachtet der Staat den Anstieg der Lebensmittelpreise, der Mieten, der Kosten für Urlaub, Computer und Kindererziehung. Aber die zwei großen Inflationstreiber der Gegenwart – die Preise für Immobilien und Aktien – sind außen vor. Nur wer sie einrechnet, bekommt ein gestochen scharfes Röntgenbild der wirtschaftlichen Lage. Das klingt nach Mathematik, aber es ist Politik.

Die Amerikaner werden sich jede Einmischung in die Grundlagen ihrer Geldpolitik verbitten. Diese Haltung ist verständlich, aber zeitgemäß ist sie nicht. Es gibt in der westlichen Welt keine unabhängigen Geldkreisläufe mehr. Kollabiert der Finanzsektor in den USA, greift sich auch Europa ans Herz. Es gibt zwar verschiedene Länder, aber nur einen Himmel. Wenn der einstürzt, sind wir alle tot.

Hier hätte ein deutscher Regierungschef ansetzen müssen. Das ist die Diskussion, die zu führen lohnt, zumal mit dem Regierungswechsel in Washington keineswegs Seriosität eingekehrt ist. Bush und Greenspan sind abgetreten. Aber ihr Geist lebt. Barack Obama und der heutige Notenbankchef Bernard Bernanke setzen den Weg der wundersamen Geldvermehrung fort.

Die Notenbank senkte die Leitzinsen kurz vor dem Weihnachtsfest auf null Prozent. Wir werden so viel Geld drucken, wie nötig ist, um die Märkte zu stimulieren, erklärte ein anonymer Notenbanker der *New York Times*. Zeitgleich startete die Regierung ein Staatsprogramm wie seit den 1930er-Jahren nicht mehr. Nun werden wieder Autobahnen gebaut.

Das Geld kommt von der Bank, ist geliehen, nicht verdient. Auch die Obama-Regierung versucht, den Aufschwung zu kaufen. Amerika trinkt aus derselben Pulle, die schon den jetzigen Kater ausgelöst hat. Das geht gut, bis es schiefgeht. Präsident Obama bekämpft die Finanzkrise, indem er die nächste vorbereitet.

Der neue Präsident hat sich mit Franklin D. Roosevelt in dieser Hinsicht das falsche Vorbild gewählt. Der setzte in der Großen Depression des vergangenen Jahrhunderts auf exzessives Schuldenmachen und staatliche Beschäftigungsprogramme. Die Wirkung aber blieb bescheiden, bis, ja bis der Zweite Weltkrieg die Ausgangslage fundamental veränderte. Amerika brauchte nun jeden Mann und jede Frau in der Rüstungsproduktion. Die Schulden – Roosevelt gab zwischen 1940 und 1945 doppelt so viel Geld aus wie seine Vorgänger in den 150 Jahren davor – waren nun nicht mehr das Problem. Nach dem Krieg stieg Amerika zur Weltmacht auf, stieß ökonomisch in jene Lücke, welche die kriegszerstörte europäische Industrie hinterlassen hatte. Amerika konnte sich aus der Schuldenfalle herausexportieren.

Obama aber ist ein Roosevelt ohne Weltkrieg. Sein Amerika steigt ab, nicht auf. Der Export schrumpft, seine Liefer- und Zahlungsfähigkeit nimmt ab. Die Schulden ziehen das Land nur tiefer hinab.

In Amerika regt sich gegen den Zukunftsverzehr kein allzu großer Widerstand. Das Land hat sich vor langer Zeit schon fünf Glaubenssätzen verschrieben, die nur deshalb nicht als verrückt gelten, weil ein jeder an sie glaubt: Spekulation ist besser als Produktion. Immobilienpreise steigen im Prinzip immer. Man kann reich werden, indem man Geld ausgibt, je mehr, desto besser. Wenn Geld fehlt, wird welches nachgedruckt. Länder, die produzieren und exportieren, sind altmodisch.

Es wäre an der Zeit, mit den Amerikanern ein ernstes Gespräch über ihr Suchtverhalten zu führen. Übermäßiger Kreditgebrauch löst keine Probleme, er verursacht sie. Stabilität kann man nicht auf Pump kaufen. Ein deutscher Kanzler hätte seinen großen Auftritt haben können.

Viele deutsche Kanzler haben den Freunden auf der anderen Seite des Atlantiks etwas abverlangt. Die Brandt'sche Entspannungspolitik musste Amerika aufgenötigt werden. Die Schmidt'sche Erfindung der Weltwirtschaftsgipfel stieß am Anfang auf wenig Gegenliebe. Die Zustimmung der USA zum Kohl'schen Einheitsplan war keine Selbstverständlichkeit.

Deutschland hatte sogar Bürgermeister, die den Amerikanern furchtlos gegenübertraten. Ernst Reuter war einer davon. Er konnte sich nicht sicher sein, ob die Regierung in Washington das umstellte Westberlin nicht doch der großen Politik opfern würde, weshalb er die Weltöffentlichkeit um Aufmerksamkeit bat: »Ihr Völker der Welt, schaut auf diese Stadt!«

Die Sowjets schickten sich in diesen frühen Tagen des Kalten Krieges an, halb Europa zu unterjochen. Die Amerikaner schauten zu. Gemeinsam, so Reuter, sei man aufgerufen, »die Flut zu brechen«. Reuter zwang die westlichen Alliierten in die Solidarität. Er bekam sie, aber er bekam sie nicht geschenkt.

Die heutige deutsche Politik traut sich eine internationale Rolle nicht mehr zu. Das muss sie aber. Ein Land dieser Bevölkerungsgröße, dieser ökonomischen Stärke, dieser geistigen Potenz ist aufgefordert, sich an der Gestaltung der internationalen Ordnung zu beteiligen und nicht als Zuschauer abseits zu stehen. Deutschland muss, um eine Floskel von Helmut Kohl zu benutzen, seinen Beitrag leisten. Dieser Beitrag ist in den vergangenen Jahren zu klein, zu verzagt, zu erfolglos ausgefallen.

Deutschland war oft nicht viel mehr als ein beflissener Konferenzteilnehmer. Das Land, das für seine stabile D-Mark (Ludwig Erhard) überall bewundert wurde, das den Euro erfand (Helmut Schmidt) und schließlich durchsetzte (Helmut Kohl), spielt bei der Bewältigung der Finanzkrise praktisch keine Rolle.

Merkel kann man hier kein Versagen vorwerfen, nur ein Unterlassen. Sie stellt das deutsche Licht unter den Scheffel. Der deutsche Exportschlager der letzten 60 Jahre, die hiesige Stabilitätskultur, fand sich nicht in ihrem Sortiment.

Zwar misstrauten sie und ihr Finanzminister dem Aktionismus der Amerikaner, beide schauten missmutig, als man sie zum großen Schuldenmachen drängte, beide bezweifelten, dass die Krise sich mit einem erneuten Schluck aus der Kreditpulle bekämpft lässt. Aber aus den berechtigten Zweifeln und dem Missbehagen erwuchs keine politische Offensive. Man grummelte, man bockte, bevor man wie alle anderen Nationen das Glas erhob. Man dachte das Richtige – und tat dann doch das Falsche. Am Ende werden nun auch die Deutschen neuere Autos, mehr Autobahnen und zusätzliche Schulden haben.

Die Finanzkrise wird die Wahlen nicht entscheiden,

hört man sie im Bundeskanzleramt sagen. Das stimmt. Und vielleicht stimmt es auch nicht. Der Mangel an Führung, denn darum geht es im Kern, reicht über das Thema Finanzkrise weit hinaus. Das wiederum bemerken nicht nur die Experten. Das Volk spürt mehr, als es weiß.

Bürgerbeteiligung unerwünscht

Herausforderung Nummer drei hätte darin bestanden, die Demokratie in Deutschland zu erneuern. Aber Merkel und Steinmeier, CDU und SPD, haben die Erosion eher noch befördert.

Als lebe Demokratie von Uniformität, haben sie ihre Unterschiede verleugnet und die Konfliktlinien verwischt. Ihre Lieblingsworte waren nicht Idee, Debatte, Meinungsstreit, wie es sich für ein vitales Gemeinwesen gehört, sondern Koalitionszwang und Geschlossenheit.

Die SPD enttäuschte naturgemäß mehr als die CDU. Die CDU ist seit jeher die Partei der Patriarchen. Offenheit war noch nie ihr Markenzeichen. Zumindest hier steht Merkel in der Tradition der anderen CDU-Kanzler. Der mündige Bürger, von dem allenthalben die Rede ist, steht im Zentrum der Unionspolitik – und schweigt.

Die SPD hat hier eine andere, eine stolze Geschichte vorzuweisen. Sie war einst die Partei der ausgestreckten Arme. »Wir stehen nicht am Ende unserer Demokratie, wir fangen erst richtig an«, hatte Willy Brandt in seiner ersten Regierungserklärung 1969 versprochen. Erst später begann das große Vergessen.

Franz Müntefering, immerhin, hat das Problem benannt. In einem Interview mit der *Zeit* sagte er unlängst, Demokratie und Wohlstand seien nicht auf immer und ewig sicher. »Meine Sorge ist, dass am Ende die Demokratie die Treppe runterfällt.«

Gefahr erkannt, Gefahr gebannt, hat man früher gesagt. Falls das je gestimmt hat, heute stimmt es nicht mehr. Die Demokratiekrise wird gesehen, aber es wird ihr nicht begegnet. Man spricht die Probleme an, aber gleichermaßen deutlich wie folgenlos. Müntefering etwa hofft, dass dieselben zerstörerischen Winde, welche die Demokratie erodieren lassen, sie am Ende retten werden. »In der Stunde der Not gehen die Menschen in die Kirche und zu den Volksparteien«, sagte er in dem gleichen Interview.

Man würde ihn gern fragen, aus welchem Land dieses Märchen stammt. Denn zumindest die deutsche Geschichte hält eine deutlich andere Lektion bereit. In der Not drehten sich die Menschen weg von Kirche und Volksparteien. Der neue Papst hieß Hitler. Nichts deutet darauf hin, dass, wenn sich der Himmel erneut verdüstern sollte, die Päpste diesmal Merkel und Müntefering hießen.

Im Koalitionsvertrag der Großen Koalition taucht das Thema Demokratie in Deutschland zwar auf. Ein kleines, pflichtschuldiges Kapitel zur Bürgergesellschaft, die man stärken wolle, findet sich. In den sechs

Absätzen steht auch, man werde »die Einführung von Elementen der direkten Demokratie prüfen«.

Diese Prüfung fiel negativ aus, wie nicht anders zu erwarten. Die Parteien lieben es nicht, wenn man ihnen ins Handwerk pfuscht. Bürgergesellschaft ist für die Parteien ein Wort, bei dem sie zusammenzucken. Ihr Gestaltungswille mag über die Jahre geschrumpft sein, ihr Machtwille ist es nicht.

DIE.

Volksparteien ohne Volk

Gesellschaft besonderer Prägung

»Wir sind alle Würmer«, sagte einst Winston Churchill. Und fügte hinzu: »Nur glaube ich, dass ich ein
Glühwürmchen bin.«

Er war in der Tat eines, und die Gattung der Glüh-
würmer ist mit dem britischen Kriegspremier und
Literaturnobelpreisträger keineswegs ausgestorben.
Immer wieder brachte auch die deutsche Nachkriegsdemokratie politische Persönlichkeiten hervor, deren
Strahlkraft die Jahrzehnte überdauerte. Die Bundeskanzler Konrad Adenauer und Willy Brandt gehörten
dazu, und auch der Geist eines Helmut Schmidt, nun
90, leuchtet noch immer.

In den tieferen Erdschichten unseres Landes aber
wohnen die Parteien. Einige ihrer Mitglieder werden
später zu Glühwürmern aufsteigen. Die meisten aber
bleiben Würmchen auf Lebenszeit.

Es ist ein langsames Leben, das innerhalb der Parteien gelebt wird, geprägt von Erinnerung und Tradition. Wenn man ihre Versammlungen besucht, stößt
man auf eine melancholische Grundstimmung. Partei-

isch sein heißt heute auch nostalgisch sein. Risiko-
freude und Optimismus sind hier eher gering ausgebildet, was schon am Lebensalter der Beteiligten liegt.

Er sei jedes Mal schockiert, wenn er einen SPD-
Ortsverein besuche, berichtete kürzlich ein sozialdemokratischer Bundestagsabgeordneter. Alles erinnere
ihn an einen Altennachmittag der Arbeiterwohlfahrt,
das Ganze sei nicht mehr jener pulsierende politische
Club, dem er einst beigetreten war. Kein normaler
Mensch halte es dort noch aus, klagte er und bat um
den Schutz der Vertraulichkeit. Vor allem halte es
kein junger Mensch dort aus, fügte er hinzu.

Wer glaubt, die heutigen Parteien seien eine Bundesrepublik im Kleinformat, irrt sich gewaltig. Das sind
sie nicht, auch wenn sie sich Volksparteien nennen.
Sie sind eine Gesellschaft besonderer Prägung.

Die meisten Mitglieder einer Partei gehören dem
männlichen Geschlecht an und sind im letzten Lebens-
drittel angekommen. Ihr Haushaltseinkommen ist
überdurchschnittlich hoch, was sie ihrer großen Nähe
zum öffentlichen Dienst verdanken. Wenn die bundesdeutsche Gesellschaft nach dem Ebenbild der Parteien
erschaffen wäre, also die soziologische Schichtung von
SPD und CDU das Große und Ganze prägte, müsste
unser Land wie folgt aussehen:

Die 82 Millionen Deutschen wären in der Sekunde
der Umstellung erheblich gealtert. Die mittleren Jahrgänge zwischen dem 26. und dem 40. Lebensjahr
hätten sich über Nacht halbiert (in der wahren deutschen Gesellschaft gehören knapp 30 Prozent zu dieser

Altersgruppe, in der SPD nur 16 Prozent, in der CDU 13 Prozent). Deutschland wäre ein Land weitgehend ohne Jugend, von den heute sechs Millionen Menschen unter 25 Jahren wären im Parteienstaat Deutschland nur 1,5 Millionen geblieben. Die Frauen wären in ihrem Anteil an der Gesellschaft von 50 Prozent auf unter 30 Prozent gesunken. Die Hausfrau und Mutter hätte es noch ärger erwischt. Heute bildet sie einen Anteil an der Gesamtbevölkerung von 15 Prozent, im Parteienstaat gehörten ihr nur noch fünf Prozent.

Die ökonomisch relevanten Bevölkerungsschichten, Arbeiter und Angestellte der Privatwirtschaft, würden ihren prägenden Einfluss verlieren. 56 Prozent der eingeschriebenen SPD-Mitglieder sind Rentner oder Mitarbeiter des öffentlichen Dienstes. Bei der CDU sieht es ähnlich aus. Nicht Hochofen, Fließband oder das Leben in einer Konzernzentrale prägen ihren Berufsalltag, sondern Antragsformular und Rentenbescheid.

Würde man den Parteienstaat zum Gesamtstaat erklären, wäre das Leben in Deutschland spürbar entschleunigt. Phänomene, die bisher unseren Berufsalltag prägten, die tägliche Strampelei der Beschäftigten und das unablässige Streben der Unternehmer nach Gewinn, würden schon bald in Vergessenheit geraten. Die häufigsten Vokabeln wären nicht länger Überstunde, Terminsache und Leistungsstress, sondern Gleitzeit und Vorruhestand. Der Herzinfarkt als Massenphänomen würde abgelöst durch Krankheiten, die auf Reizarmut und Bewegungsmangel zurückzuführen sind. Das Leben wäre ein langer, ruhiger Fluss.

Wem das eine Verheißung ist, der möge bedenken: Das nach dem Ebenbild der Volksparteien geschaffene Volk würde Mühe haben, den Wohlstand zu erzeugen, den das heutige Deutschland zum Leben braucht. Deutschland würde womöglich nur ein Sozialprodukt vergleichbar dem von Süditalien erwirtschaften, was daran liegt, dass der Beitrag von Rentnern zur Wertschöpfung gering ausfällt und man Antragsformulare nicht exportieren kann.

Schon die Annäherung des Ganzen an seinen Teil wäre keine gute Idee. Das Land würde an Lebenskraft, Ideenreichtum und Wohlstand einbüßen. Es würde aufhören, jenes Land zu sein, das wir heute Deutschland nennen.

Das war nicht immer so. Die deutsche Parteienlandschaft war in den 60er- und 70er-Jahren des abgelaufenen Jahrhunderts ein fruchtbarer Boden, bevölkert von Arbeitern und Angestellten, von jugendlichen Weltverbesserern und besorgten Familienvätern, die sich am Feierabend zur Politik hingezogen fühlten. Damals erlebte das Wort Volkspartei seinen Aufstieg und war bald in aller Munde. Die Parteienlandschaft geriet in Bewegung, vor allem die SPD lebte von Erdstoß zu Erdstoß. Ihr Jugendanteil war zeitweilig höher als der in der Gesellschaft.

Heute wirkt die Parteienlandschaft versteppt. Die SPD erträgt sich selbst kaum noch. Die Liberalen murren über ihren Vorsitzenden wie die Bewohner eines Altenheimes über den Speiseplan. Die CDU mag ihre alten Redensarten von der Leistung, die sich lohnen soll, nicht mehr hören, ohne dass ihr neue Glaubenssätze eingefallen wären. Die grüne Basis spielt auf Parteitagen die Posen ihrer Jugend nach. Die jüngste deutsche Partei, die Linkspartei, ist zugleich die älteste. 70 Prozent ihrer Mitglieder sind Pensionäre.

Die Spitzenpolitiker haben es nicht leicht mit den Parteien, von denen sie nach oben entsandt wurden. Viele Probleme, für die in der Öffentlichkeit Kanzler und Minister verantwortlich gemacht werden, sind in Wahrheit Probleme der Parteien. Früher vermittelte die Partei ihre Sicht der Dinge in die Gesellschaft hinein, warb für Sozialismus, Kommunismus, Nationalismus oder Katholizismus, heute muss der Spitzenpolitiker das Leben der Gesellschaft in die Partei hinein vermitteln. Wie oft hört man sie stöhnen in Berlin: Meine Partei versteht das nicht! Ich muss meine Partei doch mit auf die Reise nehmen! Wie vermittele ich das nur meinen Parteifreunden daheim?

Den Mitgliedern der Parteien Vorhaltungen zu machen oder sie mit Beschimpfungen zu überziehen mag populär sein, fair ist es nicht. Alt werden ist keine Schande. Über den öffentlichen Dienst spotten meist nur die, die ihn nicht brauchen. Die Zusammensetzung der Parteien haben beide Seiten zu verantworten, die wenigen, die mitmachen, und die vielen, die sich der Mitarbeit in einer Partei entziehen.

Aber alles Verständnis kann nicht das Verstehen ersetzen. Die Demokratie, das ist der Befund, wird von Vereinigungen beherrscht, die weit davon entfernt sind, repräsentativ zu sein. Diese Vereinigungen sind klein, gemessen an dem Volk, das sie führen. Sie stehen der Gesellschaft, die sie politisch dominieren, fremd gegenüber. Der Alltag der Jungen, das Schicksal der Alleinerziehenden, das Leben und Denken von Künstlern und Intellektuellen erscheinen ihnen rätselhaft. Sie haben Mühe, die Grammatik unserer Zeit zu verstehen.

Wir können die Parteien deshalb belächeln und verspotten, sie mit halb amüsiertem, halb mitleidigem Blick betrachten, aber mit gleichem Recht könnten wir sie auch bewundern. Die Gründe ihres Entstehens verblassen zwar, ihr Milieu trocknet aus, Mitglieder und Wähler gehen ihnen von der Fahne, ihr Gestaltungswille schrumpft, ihr Behauptungswille aber ist ungebrochen. Ihr Machtanspruch hat nicht gelitten. Unsere Parteien mögen zwar keine rechte Idee von der Zukunft des Landes haben, aber sie haben eine genaue Vorstellung von ihrer Rolle dabei. Der Politikwissenschaftler Karl-Rudolf Korte nennt sie daher auch »Machterwerbsagenturen«.

Es lebe der Parteisoldat!

Die ältesten Mythen der Menschheitsgeschichte handeln von Mord und Totschlag, wenn es um das Durchsetzen von Interessen ging. War Macht im Spiel, griffen die Mächtigen stets in das gleiche Waffenarsenal, wo Speer und Hackebeil, später dann Pistole und Sprengstoff bereitlagen, um einen Konflikt zu lösen.

Der Mord war die übliche Methode zur Durchsetzung eigener Ziele, vom Tyrannenmord bis zum Völkermord.

Unsere Parteien haben mit dieser Tradition gebrochen, was wir ihnen hoch anrechnen müssen. Sie sind deutlich weniger rabiat als ihre Vorfahren, aber nicht weniger erfolgreich in der Durchsetzung ihrer Interessen. Sie erreichen ihre Ziele durch Fingerheben im Parlament und die Mitarbeit in der Antragskommission der Partei. Sie bestimmen die Richtlinien der Politik und besetzen die Führungspositionen des Gemeinwesens mit der gleichen Selbstverständlichkeit, wie es die deutschen Adelsgeschlechter auch getan haben. Nur dass kein Tropfen Blut dabei fließt.

Ihr Kunststück liegt darin, dass sie andere, die auch gern mitreden und mitentscheiden wollen, auf elegante Weise davon abhalten. Die deutschen Fürsten und Könige ließen jedem den Kopf einschlagen, der es wagte, für sich ein Stück von ihrer Macht zu fordern. Unsere Parteien sind humaner und klüger. Sie verlangen lediglich nach einem Machtberechtigungsschein, den sie Parteibuch nennen. Sie erzielen damit die gleichen Erfolge.

Dem Bürger, von dem so viel in ihren Schriftsätzen die Rede ist, weisen sie auf friedliche und dennoch höchst wirkungsvolle Weise die Tür. Der Bürger wird zum Parteigänger oder er hat sich ruhig zu verhalten.

Das Erziehungsideal der Parteien ist ein Bürger, der dann antwortet, wenn er gefragt wird; der artig dankt, wenn man ihn zum »Tag der offenen Tür« in den Plenarsaal des Bundestags lädt; der alle vier Jahre stumm und demütig einen Stimmzettel in die Pappschachtel steckt und sich dann wieder nach Hause begibt. Er darf meckern, gern auch gruppenweise, wenn er sein Begehr vorher beim Ordnungsamt angemeldet hat. In seiner Meinung ist der Bürger frei, so frei wie der Politiker in der Möglichkeit, diese Meinung zu ignorieren.

Die Geschäftsführung des Staates allerdings, da ist der Parteienstaat streng, soll der Bürger der Partei überlassen. Immer wenn es dort heißt, das »muss man politisch lösen«, meinen die Politiker in Wahrheit: Bürgerlein, Hände weg! Davon verstehst du nichts.

Vor allem in Personalangelegenheiten lässt sich der Parteifunktionär nicht gern dreinreden. Er versteht sich als Lehnsherr, nicht als Lehnsverwalter. Praktisch alle Staatsbediensteten der Führungsebene, vom Bürgermeister bis zum Bundeskanzler, vom Polizeipräsidenten bis zum Kulturamtsleiter im Rathaus, die Verfassungsrichter in Karlsruhe, die Ministerialbürokraten in Berlin, aber auch die Aufsichtsräte der öffentlich-rechtlichen Fernsehanstalten will er stellen – und er tut es auch.

Diese Fülle an Positionen wird von einer schmalen Schicht besetzt, deutlich schmaler als die Parteien selbst. Denn die Mehrzahl der eingeschriebenen Mitglieder ist nicht nur alt, sie ist vor allem apathisch. 40 Prozent der Mitglieder von CDU, CSU und SPD wenden nach einer von der Universität Potsdam durchgeführten Befragung »keinerlei Zeit für Parteiaktivitäten« auf, weitere 50 Prozent lassen sich dann und wann auf Versammlungen blicken. Ihr Status wird gemeinhin mit dem Wort »Karteileiche« umschrieben.

Nur zehn Prozent der Parteimitglieder bewegen sich »in der Sphäre der professionellen oder halbprofessionellen Politik«. Das aber bedeutet: 82 Millionen Deutsche werden politisch von einer Gruppe geführt, die keine 200 000 aktive Mitglieder umfasst und damit einem Anteil von knapp 0,3 Prozent der erwachsenen Bevölkerung entspricht. Der genetische Pool, aus dem das Land seine politische Elite rekrutiert, ist damit ähnlich eng gefasst wie zu Zeiten des Feudalstaates.

Mögen die Parteien auch gegenüber der Außenwelt abweisend sein, nach innen herrscht die reinste Karitas. Sie haben einen geschlossenen Kreislauf entwickelt, in dem die aktiven zehn Prozent zirkulieren wie das Warmwasser im Heizungsrohr. Die Partei pumpt den Politiker nicht nur nach oben, sie ruft ihn später auch wieder zu sich herab. In der Blüte seiner Jahre muss er sich bewähren, nach Möglichkeit in hohen Staatsämtern. In der Abendsonne seiner Karriere darf er in den Schoß der Partei zurücksinken.

Ermattete Parteiführer werden von ihr zu Vorsitzenden der parteinahen Stiftung ernannt, abgewählte Minister und zurückgetretene Staatssekretäre ziehen in Parteikommissionen und Arbeitsgruppen ein. Keiner muss das warme Wasser verlassen. Die Partei, so streng sie ihre Mitglieder zeitlebens auch erzieht, ist treu in der Stunde der Niederlage.

Auf Parteitagen hält sie für gescheiterte Parteichefs und gestürzte Kanzler eigens die erste Reihe im Saal reserviert. Da sitzen sie dann wie zum Wachsfigurenkabinett erstarrt und werden in Applaus gebadet, nun, da sie machtlos sind.

Parteisoldaten nennt man jene Mitglieder, die durch dick und dünn dem jeweiligen Vorsitzenden hinterherlaufen, unabhängig davon, ob er Brandt oder Beck heißt. Die Partei ist ihnen so treu wie sie ihr. Man bleibt zusammen, bis der Tod einander scheidet. Versicherungsexperten sprechen in solchen Fällen von einer »Versorgungsgemeinschaft auf Gegenseitigkeit«.

Wenn wir den Parteienstaat vorhin etwas salopp mit der absoluten Herrschaft von Monarchen verglichen haben, müssen wir diesen Vergleich nun gleich wieder kassieren. Nicht nur, weil der Feudalstaat überaus expansiv war, wo doch unsere Parteien sich durch Sesshaftigkeit auszeichnen. Sie sind vor allem weniger selbstherrlich als er.

Den Feudalisten bereitete das raubeinige Herrschen Freude. Die Parteien dagegen tun vor allem ihre Pflicht. Ihre Spielanleitung findet sich im Grundgesetz. Dieser zunächst provisorischen deutschen Verfassung verdanken sie ihre einmalige Stellung im Staat. Alle Macht geht vom Volke aus, heißt es in unserer Verfassung. Aber um der Wahrheit die Ehre zu geben, müsste es weiter heißen: Und dann kehrt sie vier Jahre lang nicht mehr dorthin zurück. Die Parteien, nicht die Bürger, sind die Gottheit des Grundgesetzes.

Herr und Frau Jedermann sind von den großen politischen Entscheidungen zwar betroffen, aber an ihrem Zustandekommen nicht beteiligt. Ob die Steuer erhöht, das Atomkraftwerk gebaut, das 13. Schuljahr abgeschafft oder die Bundeswehr in Marsch gesetzt wird, die Parteien entscheiden es unter sich. So will es unsere Verfassung. »Alle Macht ist durch Parteien vermittelt«, so hat es der Politikwissenschaftler Kurt Sontheimer formuliert.

Dabei deutete zunächst nichts darauf hin, dass den deutschen Parteien jemals diese einzigartige Machtposition zukommen würde. Ihre Geburt in der zweiten Hälfte des 19. Jahrhunderts war eine schwierige. Als unsere Parteien noch in der Wiege der Demokratie lagen, anderthalb Jahrhunderte ist das nun her, sahen sie keineswegs wie die neuen Feudalherren aus, eher wie ein paar arme Wichtel. Wer die heutigen Parteien verstehen will, muss an ihre Wiege zurückkehren Es gibt eine frühkindliche Traumatisierung, die bis heute nachwirkt.

Otto von Bismarck und das Kindheitstrauma der Parteien

Die erste Lebensphase der deutschen Parteien kann man nur als unglücklich bezeichnen. Sie war geprägt von Missachtung und Misshandlung durch die Herrschenden.

In Frankreich blühte die Republik, in England war die parlamentarische Monarchie eingeführt, im wilhelminischen Deutschland aber saßen die Politiker im Reichstag wie Zuschauer herum. Der Kaiser führte das Heer und ernannte den Reichskanzler. Die ersten deutschen Parteien, zugelassen in der 60er-Jahren des 19. Jahrhunderts, waren nicht viel mehr als die Hofnarren des Kaisers. Sie durften reden und sich wichtig tun. Regieren durften sie nicht.

Werfen wir einen Blick in das damalige Amerika, das Heimatland der modernen Demokratie. Die dortigen Parteien waren Regierungsparteien vom ersten Tag an. Mit dem Sieg über die britische Krone im Jahr 1783 – also nahezu ein Jahrhundert, bevor Bismarck das Deutsche Reich gründete – verschwanden auf einen Schlag die britischen Würdenträger.

Das weite Land brauchte nun nichts dringender als Regierung, Staat, Obrigkeit, wobei der amerikanische Gründungskonsens darin bestand, dass diese Obrigkeit von unten kommen sollte, aus dem Volk entsandt und nicht von oben eingesetzt. Woher hätte sie auch kommen sollen? Es gab kein Oben mehr. Oben war nur der weite Himmel über der Prärie. Die Stunde null der neuen Nation war die Stunde der Parteien.

Die Siedler waren raue Kerle, arbeitswütig, schießfreudig, oft religiös bis zum Sektenhaften. Aber die Demokratie liebten sie. Sie waren Europa entflohen, um ein Leben in Selbstbestimmung zu führen. Die Väter waren streng, das Frauenbild war noch traditionell, aber wenn es um Meinungsfreiheit und Selbstbestimmung ging, gab man sich progressiv.

Die neue Herrschaftsform sollte demokratisch sein,

und das hieß für die Gründungsväter Amerikas, das Volk sollte mitreden, mitentscheiden und Führung durch Politiker ermöglichen. Letzteres war der entscheidende Unterschied zu dem, was sich 100 Jahre später in Deutschland abspielte. Die Parteien in den USA sollten nicht nur reden, sondern führen – die Armee, das Volk, das Land.

Bis heute verstehen sich amerikanische Präsidentschaftskandidaten als Regierungschefs im Wartestand, weshalb sie das Wort Oppositionsführer gar nicht erst benutzen. Sie wollen regieren und nicht opponieren. Aus dem misslichen Zustand, dass es noch nicht so weit ist, machen sie nicht viel Aufhebens.

Unsere Parteien dagegen wurden nicht zum Regieren geboren. Sie kamen als Kritiker zur Welt. Das Wort Oppositionsführer tragen sie bis heute wie eine Ehrennadel.

Auch wenn sie die Zügel der Macht heute fest in den Händen halten, schwanken sie doch zuweilen innerlich, ob das Regieren auch den Aufwand lohne und den Abrieb an Idealen wert sei. Es findet sich immer eine Strömung, die der Meinung ist, die Partei gehe vor die Hunde, wenn sie zu lange Verantwortung trage. Die Parteien in Deutschland sind eben nicht in erster Linie Ersatzregierungen, sondern Ersatzkirchen.

Ihre Mitglieder sind Gläubige, zumindest am Beginn ihrer Parteikarriere. Sie glauben an die gleichen Ziele und teilen miteinander ihre Wertvorstellungen. Die Unversehrtheit ihrer Religion, ob man nun eher der christdemokratischen oder der sozialdemokratischen

Lehre zuneigt, ist für sie von hohem Wert. Sie seien der Fels, »auf welchem die Kirche der Gegenwart gebaut werden soll«, rief schon Ferdinand Lassalle, der Begründer der Sozialdemokratie, den Arbeitern zu.

Verantwortlich für die frühkindliche Entmündigung der Parteien war der damals mächtigste Mann im Staat, Kaiser Wilhelm II. Er nannte den Reichstag ein »Reichsaffenhaus«, wobei es ihm egal war, »ob in dem Reichstagskäfig rote, schwarze oder gelbe Affen herumspringen«.

Von der Verachtung der Parteien bis zu ihrer Verfolgung war es nur ein kurzer Weg, genau genommen brauchte man nur vom Berliner Stadtschloss, der Kaiserresidenz, bis zur Reichskanzlei des Otto von Bismarck laufen. Der Kanzler hatte keine sehr hohe Meinung von den Parteipolitikern, zuweilen muss er sie gehasst haben. Mehr als einmal wollte er die Armee gegen die Parteien losschicken. »Fragen wie die der Sozialdemokratie werden nicht gelöst ohne Bluttaufe«, versuchte er den Monarchen zum Draufschlagen zu überreden.

Die Sozialdemokraten hatten es bei der Reichstagswahl im Januar 1877 zur viertstärksten Kraft geschafft. Gegen diese neue Partei sei ein »Vernichtungskrieg« zu führen, so redete Bismarck. Jahrzehnte später brauchten Deutschnationale und Nationalsozialisten ihm nur noch nachzuplappern. Die Vokabeln der Verachtung waren früh schon geübt.

Zwölf Jahre lang war das von Bismarck erlassene »Gesetz gegen die gemeingefährlichen Bestrebungen

der Sozialdemokratie«, im Volksmund »Sozialistenge-
setz« genannt, in Kraft. Versammlungen wurden aufgelöst, SPD-Zeitungen verboten, unzählige Aktivisten
der Sozialdemokratie ließ der Bismarck-Staat bespit-
zeln oder ohne nähere Angabe von Gründen verhaften. Die Politik der Einschüchterung sollte die Partei
zersetzen wie ein Nervengift.

Das Schöne an dieser unschönen Geschichte: Die
Deutschen, denen man später nachsagen sollte, sie
hätten die Republik im Stich gelassen, bildeten in diesen schwierigen Jahren erste demokratische Reflexe
heraus. Der Stimmenanteil für die Kandidaten der
SPD stieg von Wahl zu Wahl. Der Berliner Polizei-
präsident meldete drei Jahre nach Inkrafttreten der
»Sozialistengesetze« in einer Depesche an das Innen-
ministerium, dass der »Mut der deutschen Sozialdemokratie noch immer ungebrochen« sei und die Bewegung unter dem Eindruck der Verhaftungswelle »einen
neuen Aufschwung« erlebe.

Doch die Beschimpfungen und Schmähungen sei-
tens der Obrigkeit zeigten eine andere Wirkung. Je
düsterer der politische Alltag, desto weltfremder
wurde das Parteiprogramm. Mitten in der demokratischen Wüste des Kaiserreichs begann die Scheinwelt
des Sozialismus zu erblühen.

Die Opferrolle ist bis heute unveräußerlicher Teil
deutscher Parteitradition. Dass die Urgroßväter von
Zuchthaus und Tod bedroht waren und die Enkel nur
von schlechter Presse, macht für die Parteifunktionäre
keinen allzu großen Unterschied. Die Grundgereizt-

heit gegenüber den Medien hat die Jahrhunderte überlebt und sich auch nach zwei Weltkriegen von Franz
Josef Strauß (»Schmeißfliegen«) über Helmut Schmidt
(»Wegelagerer«) bis zu Helmut Kohl vererbt. Der Pfäl-
zer hatte gerade einen erfolgreichen Bundesparteitag
absolviert, da nahm er den damals 29-jährigen Autor
beiseite, um ihn vor jenem Blatt zu warnen, bei dem
er gerade angeheuert hatte: »Ihre *Spiegel*-Kollegen
sind wie Mistkäfer. Sie krabbeln über die Straße und
sammeln jeden Dreck gegen mich auf.«

Wir müssen nachsichtig mit den Parteien sein, sie
sind von früh an traumatisiert. Jeder Kritiker scheint
ihnen wie ein Todfeind. Dauernd sehen sie sich umzin-
gelt. Nirgends im Westen musste eine politische Partei
so lange auf die Ankunft der Demokratie warten wie
in Deutschland. Bismarcks Absetzung im Jahr 1890
brachte zwar eine Beruhigung der innenpolitischen
Kämpfe, aber noch keine Demokratie. Erst weitere
28 Jahre später, als der Kaiser sich im Gefolge des ver-
lorenen Weltkriegs nach Holland absetzte, verschwand der Obrigkeitsstaat, und die Demokratie
hielt Einzug.

Nun endlich waren die deutschen Parteien aufgefordert, die Regierung zu bilden und die Armee zu befeh-
ligen. Ihnen blieb gar nichts anderes übrig, als die Führung des Landes zu übernehmen. Die Demokratie
klopfte ungestüm an die Tür. Was für ein Schock!

Von einem Tag auf den anderen hatte damit die
zweite Phase im Leben der deutschen Parteien begonnen. Ohne ihren bisherigen Vormund mussten sie zei-

gen, was in ihnen steckte. Damit nahm die eigentliche Tragödie ihren Lauf: Die Parteien versagten. Sie hatten die Krücken fallen lassen, und siehe da, sie konnten nicht laufen.

Zwischen 1918 und 1933, bevor das »Ermächtigungsgesetz« die Demokratie beendete, kam es im Durchschnitt alle 19 Monate zu Neuwahlen. Die Parteien zankten viel und regelten wenig. Ihrer Erscheinung haftete etwas Verhuschtes und Unstetes an.

Sie klammerten sich denn auch keineswegs an die Regierungsposten, wie es ihre heutigen Nachfahren oftmals tun, sondern sahen zu, dass sie die Verantwortung wieder loswurden, kaum hielten sie einen Zipfel davon in den Händen. Adolf Hitler sah man, aber man durchschaute ihn nicht. »Den Mann gibt es gar nicht, er ist nur der Lärm, den er verursacht«, schrieb Kurt Tucholsky, und die Demokraten aller Lager nickten beifällig.

Dabei war Hitler, wie sich später herausstellte, durchaus keiner, der nur Volksreden hielt. Er verstand sich auf alle drei Disziplinen des Politikerberufs – Herrschaftseroberung, Herrschaftsausübung und auf brutale Weise beherrschte er auch die Herrschaftssicherung –, derweil den Demokraten der damaligen Zeit in der Regel nur die Eroberung gelang. Kaum waren sie oben, begann der Boden unter ihren Füßen zu schwanken. Sie wussten mit der Macht nicht viel anzufangen.

Bis heute wird in Parteikreisen über die eigenen Fehleinschätzungen von damals nicht gern gesprochen. »Berlin ist nicht Weimar«, heißt es nur. Unsere Parteien nehmen an dieser Stelle gern das Wort »Schicksal« zur Hand, um dahinter alles andere zu verbergen.

Was wird nicht alles vorgebracht, um das Scheitern der Weimarer Republik nach nur 14 Jahren zu erklären: Der Erste Weltkrieg und die vielen Toten, die Kriegsgewinnler und der unrühmliche Friedensvertrag von Versailles, die Weltwirtschaftskrise und die Massenarbeitslosigkeit, die Verfassung und ihre Mängel und natürlich dieser österreichische Reichswehrgefreite, der sich später »Führer« nannte.

Alles richtig, aber ein Grund fehlt in dieser Aufzählung, und das ist das Versagen der demokratischen Parteien. Denn Hitler war der Profiteur ihres Scheiterns, nicht der Grund. Er war der Mörder der Republik, aber die demokratischen Parteien haben ihn hineingelassen, gefüttert und gepäppelt, bis er schließlich seine grausame Tat begehen konnte. Man kann es auch so sagen: SPD, Liberale und Zentrum sind unschuldig an dem, was geschah. Aber sie sind mitverantwortlich, dass es geschehen konnte.

Bislang sind die Parteien dieser für sie unrühmlichen Betrachtung aus dem Weg gegangen. Das Monströse der Hitler'schen Verbrechen hat es ihnen leicht gemacht. Angesichts der kommunistischen Gefahr hatten auch die westlichen Kriegssieger kein Interesse daran, das Versagen der demokratischen Parteien in der Weimarer Republik aufzuklären. Sie waren froh um jeden Politiker, an dessen Fingern kein Blut klebte. Also galt für SPD und Zentrum 1945 das großzügige Motto: Licht aus und Vorhang zu.

Es geht im Rückblick nicht mehr um Schuld und Sühne, wohl aber um das Verstehen und Lernen. »Nachträgliche Weisheit mag billig sein, aber besser als Verharren im Irrtum ist sie allemal«, hat uns Haffner gelehrt. Vielleicht lässt sich auch im Fall der deutschen Parteien aus dem, was passiert ist, eine Erkenntnis für unsere Zeit gewinnen. Wer über die Zukunft der Parteien sprechen will, muss ihre Herkunft kennen.

Das aber bedeutet: Vorhang auf, Licht noch mal an.

Hitlers Helfer. Das Parteienversagen von Weimar

Vorne auf der Bühne sehen wir zunächst den SPD-Vorsitzenden Friedrich Ebert, der als Erster in dieser Tragödie seinen Auftritt hatte. Der ehemalige Kneipenpächter und Sattlergeselle, der die begonnene Meisterprüfung nicht zu Ende brachte, ließ praktisch keinen Fehler aus, um die junge Demokratie zu beschädigen.

Das begann mit seiner gediegenen, auf Disziplin und sonst nicht viel mehr beruhenden Art, Politik zu betreiben. Als sich die Niederlage des Ersten Weltkriegs abzeichnete, war es Ebert wichtig, dass die Partei in Reih und Glied, das heißt geordnet in die Katastrophe ging: »Mit Ruhe und Festigkeit sehen wir dem entgegen«, sagte Ebert im Reichstag.

Der Krieg war verloren, und Ebert versprach, die

Sozialdemokratie sei nun gewillt, »in die Bresche zu springen«. Wieder so ein Ebert-Satz. Da war nun endlich nach Krieg, Monarchie und Militärstaat ein Sozialdemokrat berufen, das neue Deutschland zu gestalten, und der sah sich als Lückenfüller, als einer, der in die Bresche sprang, weil die anderen gerade verhindert waren. So regierte er dann auch.

Ebert liebte die Ordnung mehr als die Demokratie. Den Oberbefehl des Militärs beließ er in den Händen der Obersten Heeresleitung, der preußische Beamtenapparat blieb unangetastet und zur Niederschlagung von Arbeiteraufständen setzte er die Freikorps der Reichswehr ein, jene verrohten Armeeeinheiten, die das Führen des Krieges als ihre Lebensaufgabe ansahen und später dann zu Hitler stießen.

Des Nachts telefonierte Ebert auf einer geheimen Telefonleitung mit der Obersten Heeresleitung, um sich deren Gefolgschaft zu sichern. Dort wunderte man sich über die Geschmeidigkeit des neuen Reichspräsidenten. Die größte Dummheit sei es gewesen, dass sie uns alle am Leben ließen, zitierte Margarete Ludendorff später ihren Mann Erich Ludendorff. Er war der eigentliche Kopf der Obersten Heeresleitung ab 1916 und als solcher für die Kriegsführung im Ersten Weltkrieg verantwortlich gewesen.

Niemand beschrieb das Versagen der SPD so eindringlich wie der Historiker Hans-Ulrich Wehler in seiner *Deutschen Gesellschaftsgeschichte*: »Jahrzehnte hatten die Sozialdemokraten die innere Reform der Monarchie als Zukunftsaufgabe angesehen, hatten aus dem ›Beamtenstaat‹ einen ›Volksstaat‹ machen wollen. In dem Augenblick aber, als Veränderung möglich wurde, behielten sie nicht nur das bürokratische Herrschaftssystem bei, sondern scheuten selbst vor dem kleinsten Einschnitt zurück.«

Es setzt eine beachtliche Verdrängungsleistung der heutigen SPD voraus, dass sie ausgerechnet Ebert, diese zwiespältige und tragische Figur, zum Namensgeber ihrer Bildungseinrichtung auswählte. Die Wähler der damaligen Zeit urteilten deutlich strenger über ihn. Mitte des Jahres 1920, bei der ersten Reichstagswahl, nachdem er seine Präsidentschaft angetreten hatte, büßten die Sozialdemokraten fast die Hälfte der Parlamentssitze ein. Von den zwölfeinhalb Millionen Wählern des Januar 1919 waren nur fünfeinhalb Millionen geblieben.

Dieser Verlust war keine frühe Flucht in den Faschismus, wie heute oft behauptet wird, es war der Denkzettel für eine Führungsleistung, die als zu gering empfunden wurde. Die Bürger hatten sich nach Kriegsende mehr versprochen – mehr Wohlstand, mehr Gerechtigkeit, mehr Mitbestimmung. Die SPD aber lieferte nicht.

Für viele Arbeiter war erst im Oktober des Jahres 1929 das Ende der Geduld erreicht, als in New York die Aktienkurse zu bröckeln begannen und bald darauf die gesamte Weltwirtschaft kollabierte. Damit war der Anfang vom Ende der Weimarer Republik markiert, aber nicht automatisch und keineswegs mit naturgesetzmäßiger Zwangsläufigkeit.

Die von der SPD geführte Koalition besaß in dieser schwierigen ökonomischen Situation eine satte Mehrheit, verfügte sie doch über nahezu 300 Sitze (von 450). Mit dieser Mehrheit hätte sich reagieren lassen, ohne Nazis, ohne Hitler, ohne Geschrei und ohne Neuwahlen, einfach nur regieren, wie es in einer solchen Notlage geboten schien. Aber was tat die Regierung von SPD-Kanzler Hermann Müller? Sie nahm die Verantwortung nicht wahr. Sie schmiss sie weg.

Man erzielte im Kabinett keine Einigkeit über die läppische Frage, ob die Beiträge zur Arbeitslosenversicherung um einen Viertelpunkt angehoben werden sollten oder nicht. Der Streit, der erst zum Bruch der Regierungskoalition und dann zu Neuwahlen führte, war das größte Naziförderprogramm aller Zeiten.

Jeder konnte nun sehen, dass die Demokraten sich um die falschen Fragen stritten. Die Sitzzahl der NSDAP im Reichstag verzehnfachte sich bei der nun folgenden Reichstagswahl beinahe, aus vorher zwölf wurden 107 Mandate.

Selbst in dieser Schicksalswahl vom 14. September des Jahres 1930 blieb die SPD stärkste Partei. Was heute als Radikalisierung der Massen bezeichnet wird, war in Wahrheit eine Massenernüchterung. Die *Frankfurter Zeitung* sprach von »Erbitterungswahlen«. In ihrer damaligen Wahlanalyse hieß es: »Die meisten Wähler, denen die extremen Parteien ihren Mandatzuwachs verdanken, sind gar nicht radikal, nur ohne Glauben an das Alte.« Die Sozialdemokratie, schreibt der Parteienforscher Franz Walter in seiner Biografie *Die SPD*, hatte »außer Fatalismus nichts zu bieten«.

Das Zentrum war nicht besser. Die Führungsfiguren, die der politische Katholizismus hervorbrachte, waren der Größe der Aufgabe ebenfalls nicht gewachsen. Der aus ihren Reihen stammende Reichskanzler Heinrich Brüning verschärfte die nach Deutschland hereingeschwappte Wirtschaftskrise, er tat es sogar mutwillig, aus einem äußerst perfiden Grund: Er wollte die Reparationszahlungen des Versailler Vertrags loswerden. Durch eine möglichst schmerzhafte Wirtschafts- und Finanzkrise glaubte er sich der deutschen Zahlungspflicht entledigen zu können, was zum Teil auch gelang.

Aber der Preis dafür war das Ansehen der Demokratie. Sie hatte in seiner Regierungszeit aufgehört, eine Herrschaft aus dem Volk für das Volk zu sein.

Die Wirtschaft krümmte sich, als habe man ihr einen Schlag in die Magengrube verpasst. Brünings Politik aber glich einer unterlassenen Hilfeleistung. Das Ergebnis war überall auf den Straßen Deutschlands zu besichtigen: Es gab mehr Not, mehr Hungernde, mehr Arbeitslose als je zuvor. Und mehr Nazis gab es auch. Aus dem Massenelend wurde ein Massenmisstrauen gegen die demokratischen Parteien, bis schließlich überall in Deutschland ein Plakat an den Bäumen klebte, auf dem stand: »Hitler, unsere letzte Hoffnung«.

Das war er für viele wirklich. Für Millionen der Ernüchterten und Enttäuschten war Adolf Hitler der

Retter. Er war, als er dann endlich regieren durfte, ein Kanzler, der zunächst sogar das lieferte, was er versprochen hatte: den Wirtschaftsaufschwung, stabilere Preise, schließlich sogar steigende Löhne.

Die Krise der damaligen Zeit war mitnichten eine deutsche Spezialität. Sechs Millionen Arbeitslose gab es hierzulande, aber mehr als doppelt so viele in Amerika. In England standen dreieinhalb Millionen Menschen auf der Straße, und weltweit hatten im Zuge der Depression über 30 Millionen Menschen Lohn und Arbeit verloren.

Die Demokratien standen überall unter enormem Druck. Sie mussten in einem Belastungstest nie da gewesener Härte ihre Überlegenheit gegenüber Monarchie, Militärdiktatur und Despotie beweisen. Das Volk wollte nun wissen, ob die Parteien und ihre Politiker wirklich das Zeug hatten, es aus der Krise zu führen. Mit gefühlvollen Reden, gegenseitigen Anklagen oder theoretischen Abhandlungen war in diesem ökonomischen Stahlgewitter nichts zu gewinnen.

Es gab nun überall ein Verlangen nach Führung, nach »dem starken Mann«. Es war, als würde nun jene Zeit heranbrechen, die die vom Unheil kündenden Filme *Nosferatu, Das Kabinett des Dr. Caligari* und *Dr. Mabuse* zu Beginn der 20er-Jahre beschworen hatten. Der Geschichtsphilosoph Oswald Spengler hatte mit seinem Bestseller *Der Untergang des Abendlandes* exakt diese Abstiegs- und Verlustängste der Deutschen 15 Jahre vorweggenommen. Abstiegsangst und die Sehnsucht nach Autorität schienen sich zu ergänzen.

Was dann geschah, war dennoch nicht Folge eines bösen Fluches, sondern Folge eines dreifaches Versagens: Das Wirtschaftsversagen wurde von einem Parteienversagen begleitet, das schließlich zum Volksversagen führte.

Das damalige Amerika lieferte den Beweis, dass auch die Demokratie sehr wohl in der Lage ist, schnell und entschlossen zu reagieren, wenn sie über charismatische Politiker und lernfähige Parteien verfügt. Die amerikanische Antwort auf Börsenkrach, Hungersnot und Massenarbeitslosigkeit hieß Franklin Delano Roosevelt. Diese Antwort bedeutete eben nicht Parteienhader, Sparkurs und schließlich Faschismus, sondern demokratische Führung, Wohlfahrtsstaat und New Deal, wie man das Bündnis der Regierung mit Arbeitern und Arbeitgebern damals nannte.

Der Demokrat Roosevelt hatte am Ende die Mehrzahl der amerikanischen Arbeitslosen in den Wirtschaftsprozess eingegliedert, so wie Hitler die Mehrzahl der deutschen Arbeitslosen. Der eine errichtete auf diesem Fundament eine Diktatur, die das Ansehen Deutschlands bis in alle Ewigkeit beschädigte. Der andere legte die Grundlagen für eine Supermacht, die noch immer alle anderen Nationen an militärischer und wirtschaftlicher Kraft überragt. Roosevelt sprach nie von Weltherrschaft, aber im Unterschied zu Hitler erlangte er sie.

Auch innerhalb Europas hieß die Antwort auf die Weltwirtschaftskrise keineswegs überall Diktatur. In Großbritannien blieben die Rechtsradikalen eine skur-

rile Splittergruppe. In Frankreich führte Sozialisten-
chef Léon Blum eine Mitte-Links-Koalition, die wie
Roosevelt dem Gebot der Stunde folgte – und das
hieß erhöhte staatliche Aktivität, staatlich verfügte
Lohnerhöhungen von 7 bis 15 Prozent und die Einführung der 40-Stunden-Woche. Die Arbeiter mussten, da
sie schwankend geworden waren, mit Millionenbeträ-
gen für die Demokratie zurückgekauft werden. Das
war nicht schön, aber klug. Eine Volksherrschaft
ohne Volkswohlstand ist eben schwer vorstellbar.

In Deutschland wurde die Krise des Kapitalismus
durch die demokratischen Parteien nicht gemildert,
sondern verschärft. Dem eisernen Sparkanzler Brüning folgte sein Parteifreund Franz von Papen. Statt
nun endlich die Not zu lindern, führte auch er wieder
nur Neuwahlen herbei. Die NSDAP erhöhte ihre Sitzzahl im Reichstag auf 230, gegenüber der Schlussbilanz der SPD-Regierung Müller noch einmal eine Ver-
doppelung.

Hitler reklamierte nun den Kanzlerposten für sich.
Die anderen hatten das Recht und die Pflicht, »Nein«
zu sagen. Keine Kraft der Welt hätte Demokraten und
Nationalsozialisten in eine Regierung zwingen können. Und schon gar nicht konnte man die Parteien
dazu zwingen, im Reichstag der Alleinherrschaft Hitlers und der Auflösung des Parlaments zuzustimmen.
SPD und Kommunisten verweigerten sich denn auch
mannhaft.

Die Konservativen aber gaben sich ihm hin. Die
gegenwärtige Stunde könne nicht im Zeichen der

Worte stehen, sprach der Zentrums-Vorsitzende und Prälat Ludwig Kaas vor dem sich auflösenden Reichstag. Jetzt gehe es um die rasche und rettende Tat: »Und diese Tat kann nur geboren werden in der Sammlung.«

Mit diesen Worten bekam Hitler eine Zweidrittelmehrheit der Reichstagsabgeordneten geschenkt; die Kommunisten waren ja bereits ausgeschaltet. Man kann den Vorgang Machtergreifung nennen, wie es heute üblich ist. Aber das klingt, als habe Hitler die Macht in zähem Kampf den demokratischen Parteien entrissen. In Wahrheit hielten die Opfer dem Täter die Tür auf und verabschiedeten sich anschließend ins Private. Konrad Adenauer, Zentrumspolitiker und später für 20 Jahre die prägende Figur der Nachkriegs-CDU, ging zu seinen Rosen nach Hause. Spengler hatte recht, als er schrieb: »Es war kein Sieg, denn die Gegner fehlten.«

Die Frage, warum kein deutscher Franklin D. Roosevelt und kein deutscher Léon Blum sich zeigte, ist von zentraler Bedeutung. Wir sollten sie nicht wieder in der Abteilung Schicksal und Zufall ablegen. Es muss uns aber interessieren, warum die deutschen demokratischen Parteien – anders als ihre ausländischen Verwandten – scheiterten und ob ihre Nachfolger die Lektionen gelernt haben.

Warum wurden die neueren Erkenntnisse der Wirtschaftswissenschaft damals überhört – und sind unsere Parteien in der heutigen Wirtschaftkrise offener für Expertenrat von außen? Wieso stand in der ersten

Reihe immer nur der Typus Parteisoldat – und haben charismatische Politiker heutzutage eine höhere Chance, nominiert zu werden? Warum beschäftigten sich die Parteien so viel mit sich selbst – und ist diese Selbstbezogenheit seither verschwunden? Gilt heute tatsächlich das Wohl der Nation oder immer noch das alte Motto: Erst die Partei, dann das Land?

Diese Fragen mögen unsere Parteien nicht. Den aktuellen Bezug betrachten sie als frech, die historischen Vorhaltungen als erledigt. Bis in die Schulbücher hinein haben sie Hitlers Aufstieg als Volksversagen dargestellt und würden es dabei auch gern bewenden lassen. Das Wort Parteienversagen können sie nicht buchstabieren.

Weimar sei eine »Republik ohne Republikaner« gewesen, heißt es allenthalben. Es sei zu einer »schicksalhaften Einkreisung der Demokratie durch ihre Feinde« gekommen, schreibt der Historiker Karl Dietrich Bracher.

Dabei war die politische Szenerie in Weimar zehn Jahre lang sozialdemokratisch und bürgerlich-konservativ geprägt. Es dominierten die Parteien der heutigen Großen Koalition, und kein Radikaler hatte in den ersten zwölf von 14 Weimarer Jahren je das Kanzleramt betreten.

Nach dem Krieg hatten die Parteien wenig Interesse, Verantwortung für das Geschehen zu übernehmen. Dass auch die Alliierten den gewöhnlichen Deutschen misstrauten, traf sich gut. Die Sowjets hielten nichts von Demokratie, und die Westalliierten hielten nicht viel von den Deutschen. So entstand eine indirekte Demokratie, in der das Volk wenig und die Parteien viel zu sagen haben. Das Volk wurde in seiner Bedeutung verkleinert, die Parteien in ihrer Verantwortung vergrößert.

Ausgerechnet die Parteienformation aus christlichen Konservativen, nationalen Liberalen und gemäßigten Sozialdemokraten, die sich zuvor noch als Weimarer Koalition bezeichnet hatte, konnte wiederauferstehen. Jetzt nannten sie sich die Bonner Parteien. Wenn man die kühnste Leistung im Leben unserer Parteien benennen soll, dann ist es diese: die Wiederaufstehung von den Toten.

Die Stunde null. Neubeginn mit Notlüge

Der dritte Lebensabschnitt unseren Parteien brachte nun das, was ihnen vorher versagt geblieben war, Erfolg und Stabilität. Nach der Entmündigung im wilhelminischen Obrigkeitsstaat und dem Versagen von Weimar standen die deutschen Parteien nach Kriegsende endlich auf beiden Füßen. Seht her, wir können es doch, rufen sie uns seither zu. Wenn man uns nur lässt!

So lange wie der bundesdeutsche Parteienstaat hat noch kein Staat in Deutschland durchgehalten. Das Kaiserreich schaffte 47 Jahre, die Weimarer Republik brachte es auf 14 Jahre, das (»Tausendjährige«) Dritte Reich bestand zwölf Jahre und die DDR kam über den 40. Jahrestag nicht hinaus. Die Bundesrepublik aber begeht in diesem Jahr ihr 60-jähriges Jubiläum, und die Parteien werden versucht sein, den Löwenanteil des Erfolgs für sich zu verbuchen. Sie freuen sich schon auf diese Leistungsschau, bei der sie ihre schönsten Werkstücke noch mal vorzeigen dürfen: Demokratie, Westbindung und Wirtschaftswunder, gefolgt von Ostausgleich, Sozialstaat und Wiedervereinigung.

Doch die Erinnerung malt mit goldenem Pinsel. Die Parteien hatten am Aufbau der Bundesrepublik nicht annähernd den Anteil, den sie heute für sich reklamieren. In vielfacher Hinsicht sähe das Land heute anders aus, wenn man sie nach 1945 hätte machen lassen.

Die Parteien als Institutionen hatten auch in dieser dritten Phase ihrer Lebensgeschichte nicht gänzlich anders funktioniert als zuvor. Sie konnten das Scheitern nicht lassen. Nur diesmal standen die Alliierten bereit, das Schlimmste zu verhindern.

Um mit der SPD zu beginnen: Sie startete exakt da, wo sie aufgehört hatte, mental und personell. Die Kader der Weimarer Zeit – vom Kassierer bis zum Pressesprecher – nahmen ihre Arbeit im neuen Bundesvorstand wieder auf. Es galt das alte Parteiprogramm von 1925, und auf den Wahlplakaten hieß es: »Karl Marx wies uns den Weg. Seine Lehre ist unsere Lehre. Sozialdemokratische Partei Deutschlands.« Die rote Fahne flatterte wieder im Wind.

So blieb die SPD, was sie in den letzten Jahren der Weimarer Republik auch schon war: die Partei der Einsamkeit. Von den 20 harten Aufbaujahren der Bundesrepublik hat sie in Bonn keinen einzigen Tag re-

giert. Sie war die Kraft, die stets verneinte. 120 000 der
700 000 Mitglieder, die sich nach dem Zusammenbruch von Hitler-Deutschland ein SPD-Parteibuch
hatten ausstellen lassen, gab es zwischen 1948 und
1954 wieder zurück.

Der neue Vorsitzende Kurt Schumacher hatte den
Ersten Weltkrieg und zwölf Jahre Konzentrationslager
überlebt. Er war gezeichnet von den Ereignissen des
Jahrhunderts. Abgemagert bis auf die Knochen trat er
vor die Wähler, seine Gesichtszüge zuckten beim
Reden, ihm fehlten ein Arm und ein Bein. Er war ein
beeindruckender Mann, aber ein Mann des Neuan-
fangs war er nicht.

Auch die CDU stapelt hoch, wenn sie den Neube-
ginn als ihren Erfolg verkauft. Die neuen Schirmher-
ren der westdeutschen Demokratie hießen nicht CDU
und CSU, sondern General Marshall, Präsident Harry
S. Truman und Winston Churchill.

Die westlichen Kriegsgewinner waren nicht nur
erfolgreiche Krieger, sondern auch erfahrene Demokraten. An die Stelle eines diktierten Friedens, wie die
Deutschen ihn nach dem Ersten Weltkrieg hatten hinnehmen müssen, trat nun ein Ertüchtigungsfriede.

Die im deutschen Osten von den Sowjets ausgege-
bene Parole – Alles muss nach Demokratie aussehen,
aber wir müssen das Sagen haben – galt auch im Westen. Das Deutschland der frühen Nachkriegsjahre war
eine gelenkte Demokratie, auch wenn die Besatzer die
sanfte Form der Lenkung bevorzugten.

Wo es ungefährlich war, durften sich die Deutschen

widersetzen. Aber eben nur da. Vor allem die bayerische Regionalpartei CSU genoss Narrenfreiheit. Nachdem das Grundgesetz in zwei Drittel aller Landtage angenommen war, ließ man »die in Bayern« gewähren. Die Mehrheit im Münchner Landtag lehnte das Grundgesetz ab. Sie vermisste das Christliche und wünschte sich wohl insgeheim die Herrschaft des Hauses Wittelsbach zurück. Deutschlands ältestes Adelsgeschlecht hatte in Bayern 740 Jahre geherrscht.

Auch das politische Kernstück der frühen Jahre – das Wirtschaftswunder – war kein Selbstläufer. Wenn die Parteien ehrlich sind, werden sie sich erinnern, wie sie »die Wirtschaft« zunächst daran hindern wollten, überhaupt ihre Arbeit wieder aufzunehmen.

Die Privatwirtschaft war wegen ihrer Verstrickung in die Kriegswirtschaft unbeliebt. Man warf den Unternehmern das vor, was man auch dem Volk vorhielt: die zu große Nähe zu den Nazis. Das Volk konnte man schlecht abwählen. Die Unternehmer aber konnte man sehr wohl abstrafen.

Alle Parteien sprachen nun abschätzig von »den Herren der Wirtschaft«. Beide große Parteien wollten die Industrieunternehmen an Rhein und Ruhr entflechten, sprich zerschlagen, um sie danach zu sozialisieren, sprich zu verstaatlichen. In den frühen Programmen der CDU und auch noch in den späteren der SPD befanden sich die entsprechenden Rufe nach »Sozialisierung der Schlüssel- und Grundstoffindustrie«, was damals die Stahl- und Kohleindustrie war.

Wirtschaftsfeindlichkeit war die Mode der Saison. Man höre nur in Schumachers erste Parteitagsrede hinein, gehalten in Hannover am 9. Mai des Jahres 1946, um einen Eindruck von der vorherrschenden Haltung gegenüber »dem Kapital« zu erhalten:

»Deutschland darf niemals kapitalistisch wiederaufgebaut werden, sondern nur sozialistisch ... neue Wirtschaftsform in Deutschland ... Sozialismus unter demokratischer Kontrolle ... der Klassenkampf ist nichts Überaltertes ... die Sozialdemokratische Partei wird der entscheidende Faktor Deutschlands sein, oder aus Deutschland wird ein Nichts und Europa wird ein Herd der Unruhe und Fäulnis.«

Bei der CDU klang es zunächst ähnlich. Im Ahlener Programm, knapp zwei Jahre nach Kriegsende verfasst, wurde den Deutschen neben dem demokratischen Sozialismus nun auch ein christdemokratischer Sozialismus angeboten. »Das kapitalistische Wirtschaftssystem ist den staatlichen und sozialen Lebensinteressen des deutschen Volkes nicht gerecht geworden ... Inhalt und Ziel einer sozialen und wirtschaftlichen Neuordnung kann nicht mehr das kapitalistische Gewinn- und Machtstreben sein.« Nicht im Namen von Karl Marx, sondern im Namen des lieben Gottes sollten nun Betriebe verstaatlicht werden. Die Wirkung wäre dieselbe gewesen.

Die demokratischen Parteien waren also drauf und dran, noch in der Stunde null der Bundesrepublik ihren ersten Fundamentalfehler zu begehen. Sie wollten die Wurzeln der Marktwirtschaft mit Stumpf und

Stiel ausreißen. Wie besinnungslos droschen sie auf Parteitagen und Kundgebungen auf das Unternehmertum ein.

Konrad Adenauer dachte anders, aber ohne die Hilfe der Alliierten hätte die eigene Partei den Alten über den Haufen gerannt. Ihm blieb nichts anderes übrig, als sich hinter der Prinzipienfestigkeit der Alliierten zu verstecken. »Solange die deutsche Wirtschaft nicht frei ist, kann im Übrigen die Frage der Vergesellschaftung kaum praktisch werden«, versuchte er seine Parteifreunde im März des Jahres 1946 zur Mäßigung zu mahnen.

Die Alliierten hielten Kurs. So viel Wirtschaftsplanung wie nötig, so viel Unternehmerfreiheit wie möglich, war ihre Maxime in den Zeiten des Wiederaufbaus. Auch wenn viele Kapitalisten schwere Schuld in den Jahren vor 1945 auf sich geladen hatten, der Kapitalismus als Wirtschaftssystem stand für sie nicht zur Disposition. Die CDU grummelte. Die SPD schäumte. Die Gewerkschaften riefen im November 1948 zum Generalstreik gegen Ludwig Erhard auf, der den Alliierten (nicht der CDU) sein Amt als Direktor der bizonalen Wirtschaftsverwaltung verdankte.

Auch die CDU-Basis stand keineswegs hinter ihm. Erhard sah sich von ihrer Seite üblen Verleumdungen ausgesetzt. Er sei Handlanger der Besatzungsmächte. Er sei ein Vertreter des Freibeuter-Kapitalismus. Er mache gemeinsame Sache mit Spekulanten und Wucherern. Vielleicht auch deshalb ist Erhard – obwohl Adenauer ihn sehr bedrängte – der CDU nie formell beigetreten. Das war seine Art von Unabhängigkeit. Er war später CDU-Vorsitzender, er war der Kanzler der CDU-Mehrheit im Deutschen Bundestag, aber einen Mitgliedsantrag hat er nie unterschrieben.

Erst als alle Hochöfen wieder rauchten und die Ladenregale sich allmählich füllten, fand die Umbenennung statt. Was eben noch »Restauration traditioneller Wirtschaftsmacht« hieß, wurde nun »Wirtschaftswunder« genannt. Nun begrüßte man die Stahlbarone wieder respektvoll als Industriemanager; Bankvorstände mussten sich nicht länger als Geldschieber schmähen lassen. Die Parteien umarmten nun jene, die sie gestern noch kastrieren wollten.

Das »Wirtschaftswunder« wird seither als Gesellenstück des bundesdeutschen Parteienstaates herumgereicht. Jeder Wirtschaftsminister glüht vor Stolz, wenn man ihn als Erben Ludwig Erhards bezeichnet. Die Bundeskanzlerin beruft sich – lieber noch als auf Kohl und Adenauer – auf ihn. Beim Festakt zu seinem 110. Geburtstag erinnerte sie die Zuhörer allerdings auch daran, dass der lebende Erhard einst »immense Widerstände« zu überwinden hatte, »auch in Teilen der Union«.

Der deutsche Nachkriegserfolg beruhte also auf dem Zusammenspiel verschiedenster Kräfte: Den politischen Grundstein legten die Alliierten. Den ökonomischen Rohbau schufen die privaten Unternehmer und ihre Beschäftigten, unterstützt von den westlichen Besatzern und ihrem Wirtschaftsbeauftragten Erhard. Erst jetzt kamen die Parteien zum Zuge: Wenn die

Alliierten die Bauherren waren, dann waren die deutschen Politiker die Innenarchitekten.

Sie gaben der Marktwirtschaft ihr soziales Aussehen. Sie versöhnten die Deutschen mit der neuen Ordnung, wo doch viele der Bundesrepublik zunächst ablehnend gegenüberstanden.

Adenauers Leistung bestand vor allem darin, einen versöhnlichen Ton anzuschlagen. Nicht die Westintegration (zu der gab es im Ernst keine Alternative), wohl aber die Integration der Deutschen in ihr eigenes Land war seine historische Tat. Ihm und Erhard gelang es, die Fremdheitsgefühle der Deutschen zu überwinden und so etwas wie eine neudeutsche Heimeligkeit zu erzeugen.

Die Wirtschaft brummte bald wieder. Die Demokratie begann zu leben. Es wurde geträumt und geflucht in Deutschland, in Bonn rieben sich bald schon die Parteien aneinander, dass es die reine Freude war. Das politische Angebot war noch nicht auf den Unterschied zwischen Master-Card und Visa-Card reduziert. Der eine wollte das Gegenstück des anderen sein, nicht seine Kopie. Deutschland war – im Rahmen seiner mentalen Möglichkeiten – ein glückliches Land. Der neue Staat stand jetzt stabil.

60 Jahre Bundesrepublik.
Erfolg und Erstarrung

Diese Phase der Stabilität ist zu Ende gegangen. Auf den Wohlstand, der die Demokratie begründen und befestigen half, können sich die Parteien nicht mehr verlassen. Mit seiner Verteilung haben sie die meiste Zeit ihres Lebens verbracht. Sie haben Geldausgeben gelernt. Das Umschulen fällt ihnen schwer.

Der Wohlstand ist nicht über Nacht verschwunden, aber er ist flüchtiger geworden. Die Parteien können ihn kaum mehr greifen. Den Unternehmen geht es weiterhin gut, aber nicht unbedingt ihren Belegschaften. Die Welten von Wirtschaft und Politik entkoppeln sich, nicht nur in Deutschland.

Nicht, dass die Parteispitzen nicht wüssten, was zu tun wäre. Sie wissen es. Nicht, dass sie es hier und da nicht schon versucht hätten. Das haben sie. Aber als der schnelle Erfolg der Reformpolitik und der Applaus des Publikums ausblieben, haben sie auf dem Absatz kehrtgemacht. Sie wollten jetzt nicht mehr führen. Sie wollten sich lieber ein bisschen treiben lassen.

So ersetzten sie die notwendige Kraftanstrengung durch ein Nichtsangriffkartell, das sich Große Koalition nennt. Sie fielen einander in die Arme, um sich auszuruhen. Seither gibt es keine zwei Möglichkeiten mehr, sondern nur noch eine. Das Denken in Alternativen ist weitgehend eingestellt, auch wenn die jahrzehntelang gewachsenen Animositäten zwischen den Spitzenpolitikern weiterleben.

Das Glück der Politik, das normalerweise im Ausleben von Verschiedenheit besteht, wird nun in der Beendigung derselben gesucht. Das Lieblingswort der Groß-Koalitionäre heißt Geschlossenheit. Die Parteien verstehen sich nicht mehr als Schrittmacher der Gesellschaft, sondern als Bewegungsmelder, wie der ehemalige Schröder-Berater im Kanzleramt, Wolfgang Nowak, formuliert. Sie melden alles Neue und Spontane, weil es den Ablauf der Regierungsarbeit stören könnte.

Was in der Welt der Wirtschaft unverzüglich die Monopolkommission und das Kartellamt auf den Plan rufen würde, ist in der Politik die neue Realität: Die zwei wichtigsten Konkurrenten haben Absprachen zur Beendigung des Wettbewerbs getroffen. Sie sagen zwar, ihr Kartell sei eines auf Zeit. Aber sie vergessen jedes Mal, wenn man sie danach fragt, den Zeitraum zu benennen. Die Chance ist nicht gering, dass sie es nach dem Wahltag um weitere vier Jahre verlängern. Niemand kann sie daran hindern.

Die Gründe für den Fortbestand der Großen Koalition werden im Bedarfsfall dieselben sein, die zu ihrer Gründung führten: Müdigkeit. Diese unendliche Müdigkeit, die unsere Gremiendemokratie befallen hat. Früher hielt man sich gegenseitig in Schach, heute hält man sich aneinander fest.

Wenn die Parteien weiterhin in Großbuchstaben »Zukunft« auf ihre Wahlplakate schreiben, dann eher aus alter Gewohnheit, als dass es ihnen ein Bedürfnis ist. Die Zukunft gestalten, um eine ihrer liebsten Vokabeln aufzugreifen, tun die Parteien schon lange nicht mehr. Sie wollen es auch nicht. Schon mit der Gegenwart haben sie ihre liebe Not.

Der Kampf, den sie heute kämpfen, ist nicht der gegen Armut, Umweltzerstörung und Fremdenfeindlichkeit, und auch nicht der für eine gerechtere Weltordnung. Es ist der Kampf gegen das Vergessenwerden, das Nicht-Wahrgenommen-Werden, ein Ankämpfen auch gegen aufkommende Ohnmachtsgefühle. Eine rhetorische Regierungsform ist in Mode gekommen, in der Wort und Tat nur noch lose miteinander verbunden sind. Bessere Bildung wird versprochen, aber nicht geliefert. Die Überforderung der Sozialsysteme wird eingeräumt, aber nicht beseitigt. Die Schrumpfung der Gesellschaft wird beklagt, aber keine Hand rührt sich, die notwendigen Vorkehrungen zu treffen.

Es fehlt den Parteien nicht allein an Ideen, es fehlt vor allem das Zutrauen, diese Ideen auch umsetzen zu können. Innerhalb der großen Parteien CDU, CSU und SPD ist es zu einem Energieabfall gekommen. Das zentrale Antriebsaggregat einer jeden Partei, der Wille zur Veränderung von Wirklichkeit, ist praktisch ausgefallen. Die Instrumente der Macht werden nicht mehr genutzt als Instrumente zur Verbesserung der Lebensverhältnisse, sondern als Instrumente zur Verbesserung der morgendlichen Presselage.

Verantwortlich für diese Entwicklung sind nicht

finstere Mächte und böser Wille. Verantwortlich ist die Entkräftung der Parteien. Die wichtigen Quellen, aus denen die Parteien seit Kriegsende schöpften, sind über die Jahre versiegt.

Die von den Zeitläufen gezausten Parteien wecken beim Publikum heute eher Mitleidsgefühle als Begeisterung, weshalb sich auch die Wählerschaft zurückbildet. Allein in den letzten 40 Jahren verloren SPD, CDU und CSU rund ein Drittel ihrer Wähler. Der Wahltag ist denn auch der einzige Tag, an dem die *Tagesschau* schon in den ersten zwei Minuten über das Wetter berichtet. Denn von Sonne oder Regen hängt die Wahlbeteiligung heutzutage in weit höherem Maße ab als vom Kanzlerkandidaten und seinem Programm.

Wo das Volk sich unbeeindruckt zeigt, wollen auch Schriftsteller, Musiker, Maler, Philosophen, Publizisten und Theaterleute nicht verweilen. Sie meiden heute in ihrer übergroßen Mehrheit die Nähe der Parteien. Sie fühlen sich eher abgestoßen als angeregt. Sie wollen nicht mit in den Abwärtsstrudel geraten.

Man muss sich ja nur die Namen der ehemaligen Generalsekretäre Prof. Kurt Biedenkopf und Prof. Peter Glotz ins Gedächtnis rufen und sie den heutigen Amtsinhabern gegenüberstellen, und man bekommt eine Ahnung, was im Innern der Parteien passiert ist. Wo früher politische Strategen saßen, sitzen nun Papageien. Wo einst Ideen produziert wurden, fertigt man nun Parolen. Und selbst die sind oft nur geklaut. »Yes we can«, rief der SPD-Generalsekretär jüngst in eine

Parteiversammlung, nachdem er in der Zeitung gelesen hatte, dass Barack Obama so sein Publikum befeuert hatte.

Die Fähigkeit, auf veränderte Lagen zu reagieren, hat im Zuge dieses Kraftverlustes weiter abgenommen. Die Demokratie aber reagiert klug. Seit Längerem schon wird jedes neue Problem mit einer neuen Partei beantwortet. Die Volkparteien ignorierten die Umweltverschmutzung. »Die Grünen« entstanden. Die Volksparteien übersahen die Schattenseiten der Globalisierung. Die Enttäuschten fanden zur Partei »Die Linke« zusammen.

Die Volksparteien sahen nicht, wie Teile der mittelständischen Unternehmer und des Bürgertums sich von der Ritualpolitik abwandten. Die Freien Wählervereinigungen mit ihren bundesweit rund 250 000 Mitgliedern blühten auf. Sie tragen den Keim einer Bürgerdemokratie jenseits der Parteien in sich.

An die Parteien zu appellieren, sich anzustrengen, sich aufzuraffen und doch endlich zu tun, was zu tun sei, geht an der Wirklichkeit vorbei. Sie kennen ihre missliche Lage. Sie wissen besser als jeder Beobachter, wie ihnen die Kräfte schwinden.

Im Grunde gehen sie sogar ausgesprochen vernünftig mit ihrem gesunkenen Energiehaushalt um: Sie schonen sich. Die eigenen Zukunftsentwürfe haben sie wegrationalisiert und den innerparteilichen Wettstreit auf ein Mindestmaß geschrumpft. Die Flügel schlagen kaum noch.

Auch den bislang doch sehr kräftezehrenden Wettbewerb mit den anderen Parteien spart man sich. Die Linkspartei wird zwar gefürchtet, aber nicht bekämpft. Der Koalitionspartner wird gepiesackt, aber nicht inhaltlich angegangen. Pathos und Leidenschaft sind eine knappe Ressource geworden.

Selbst das Jammern und Wehklagen über die eigene Lage haben die großen Parteien aus Gründen der Energieeffizienz eingestellt. Sie besinnen sich lieber auf ihr Kerngeschäft: die Machtsicherung. Sie halten die Beamtenschaft in Schach, bestücken die Fernseh-Talkrunden mit ihren begabtesten Leuten, veranstalten mit großer Pünktlichkeit und Präzision ihre Parteitage. Die Parteien haben ihren Energieverbrauch heruntergepegelt, wie man einen Heizkörper herunterdreht.

Wir sind Zeitzeugen des Zerfalls eines Herrschaftssystems, der auch dann ein Zerfall bleibt, wenn er sich in Zeitlupe abspielt und von vielen Betroffenen bestritten wird. Einer, der die Realität der »Basisarbeit« der Parteien genau kennt, ist der Münchner Oberbürgermeister Christian Ude. In seinem Kabaretttext »Im Ortsverein« beschreibt er eine widrige Wirklichkeit:

Es kränkt einen manchmal richtig, wenn in der Presse der Eindruck aufkommt, der bayerischen SPD fiele der Misserfolg gleichsam wie eine reife Frucht ohne eigenes Zutun in den Schoß. Welch eiskalte Missachtung all unserer Versammlungen, mit denen wir landauf, landab immer wieder aufs Neue gewährleisten, dass wir unter uns bleiben! Zugegeben: Viele ältere Mitglieder sind schon selber resigniert. Aber mit den jüngeren, mit den Neumitgliedern vor allem, ist es wie mit den Frühstückseiern: Die müssen erst noch abgeschreckt werden!

Zu diesem Zweck veranstalten wir einmal jeden Monat eine Versammlung. Das pünktlich erscheinende Neumitglied muss erst einmal eine Kostprobe seiner Kontaktfreude und technischen Geschicklichkeit liefern und zusammen mit der Kellnerin herausfinden, wie man das Licht im dunklen Nebenzimmer anmacht.

Schon eine Viertelstunde später tröpfeln die Repräsentanten des Vorstands herein, gefolgt von den Stammgästen der Ortsversammlung. Nun hebt eine muntere Konversation an, wobei peinlich genau darauf geachtet wird, dass man das Neumitglied weder anschaut noch anspricht. Es hat schon mit der Kellnerin gesprochen, das muss für heute Abend reichen.

Über dem Eingang eines Münchner Bordells steht geschrieben:

»Sie kommen als Fremder – und gehen als Freund.«

Über unseren Versammlungslokalen könnte geschrieben stehen:

»Sie kommen als Mitglied – und gehen als Fremder.«

Aber dafür ist es auch billiger.

Die lockere Konversation der eingeweihten Mitgliedschaft hat zwei Schwerpunkte: die üble

Nachrede zum Nachteil der Abwesenden und die pädagogische Züchtigung der Anwesenden.

Die üble Nachrede kreidet einigen abwesenden Ortsvereinsmitgliedern ihre Passivität an, deretwegen der Ortsverein praktisch darniederliege; anderen abwesenden Ortsvereinsmitgliedern wird ihre Aktivität angelastet, die einen geradezu beklemmenden Ehrgeiz verrate, den jetzt zu bremsen das Gebot der Stunde sei.

Unser Vorrat an solchen Ritualen ist unerschöpflich. Wahrhaft sozialdemokratische Versammlungskultur wird erst gelebt, wenn die Versammlung mühelos drei Stunden überbrücken kann, ohne ein Sachthema auch nur zu streifen.

Jetzt also – wir sind beim dritten Bier und ziemlich müde – folgt die Debatte, das Herzstück der innerparteilichen Demokratie, die Sternstunde der Willensbildung von unten nach oben. Ein einziges Mal kommen sogar Gelächter und Beifall auf, als nämlich die Kellnerin mit lauter Stimme die Frage in den Raum wirft: »Wer war der Schweinsbraten?«

Erfahrene Mitglieder lösen sich in ihren Redebeiträgen vom eigentlichen Thema des Abends wie buddhistische Mönche von weltlichen Dingen, sie streben Zeitloses an: die immerwährend passende Rede.

Dass die SPD eine Volkspartei bleiben muss oder endlich konsequente Politik für die breiten Schichten machen soll, dass die SPD die alten

Menschen nicht verprellen darf, die jungen aber auch nicht; dass die SPD besonders die Frauen und die Arbeitnehmer vertreten muss, dass uns die politische Kultur am Herzen liegt, dass die SPD ohne Affären viel besser dastünde als derzeit und dass die SPD vor allem viel bessere Plakate braucht – das stimmt einfach immer.

Gäbe es nicht Jahr für Jahr Zigtausende Versammlungen solcher Art – woher sollten die Leute eigentlich wissen, wie langweilig Politik sein kann?

Die offene Gesellschaft wird dominiert von diesen geschlossenen Vereinigungen. Der Sachverhalt ist bekannt. Neu ist: Eine wachsende Zahl von Bürgerinnen und Bürgern empfindet diesen Zustand als gesellschaftliche Störung.

WIR.

Demokratie von oben

Der Mitläufer. Eine deutsche Karriere

Es gibt die eine deutsche Nation, aber nicht das dazu-
gehörige *eine* deutsche Volk. Es gibt mindestens drei
Teilvölker, die sich unseren Landstrich teilen.

Das historisch gesehen erfolgreichste von allen ist
das Volk der Mitläufer. Es grüßt gern und widerspricht
selten. Es macht alles mit und ist doch nie dabei.

Der Mitläufer folgt dem großen Strom und entwickelt nicht den geringsten Ehrgeiz, die Wassermassen
zu kanalisieren. Für ihn gilt, was der Zeichner Heinrich Zille einem seiner Berliner Typen in den Mund
legte: »Es ist eben, wie es ist, da jibt's nischt dran zu
löten.«

Neidlos muss man zugestehen, dass der Mitläufer
mit seinem Langmut über die Jahrhunderte gut gefahren ist. Fürsten, Kaiser, Diktatoren und Kanzler
kamen und verschwanden, das Volk der Mitläufer
aber blieb. Bei den Nürnberger Kriegsverbrecherpro-
zessen nach dem Ende des Zweiten Weltkriegs gab es
einen Richterspruch, der zwar nicht von innerer
Scham freistellte, aber immerhin von Gefängnishaft

und Berufsverbot: »Er gehörte zu den Mitläufern«, hieß es dann.

Die Ansprüche des Mitläufer-Völkchens an das alltägliche Leben sind einfacher Natur. Wenn der Schornstein raucht, das Auto rollt, die Kinder unbehelligt aufwachsen können und die Frau im Laden das vorfindet, was die Familie zum Leben braucht, dann ist dem Mitläufer nicht so wichtig, wie der Kanzler heißt. In seinen Kreisen liebt man die Fahne mehr als die Verfassung. Er wählt Ruhe und Behaglichkeit, nicht CDU oder SPD.

Die Demokratie ist ihm zwar die liebste Regierungsform, aber auch die anderen, die rabiateren Methoden der Staatsführung lassen ihn nicht zum Barrikadenbauer werden. Er ist ein dankbarer Untertan. Er lebt neben der Demokratie, nicht in ihr. In seinem Innersten brennt keine demokratische Leidenschaft. Das deutsche Grundgesetz pflanzte keine erhabenen Gefühle in seinem Herzen.

Als der Spötter Kurt Tucholsky über die Deutschen sagte, sie würden, bevor sie den Bahnhof besetzen, erst noch eine Bahnsteigkarte lösen, kann er das Volk der Mitläufer nicht gemeint haben. Wenn die ersten zum Bahnhof stürmen, schlagen die Mitläufer die andere Richtung ein. Was nach Umsturz riecht, stößt sie ab. Sie mögen es schon nicht, wenn in ihren Häusern aufrührerische Reden gehalten werden.

Den Mitläufer einen Dummkopf zu nennen hieße ihn zu unterschätzen. Er spürt sehr wohl, wenn sich der Himmel über dem Land verdüstert. Er ist nur nicht bereit, dafür die Verantwortung zu übernehmen. Die Politik ist für ihn wie Ebbe und Flut, eine ständige Abfolge ihm rätselhafter Erscheinungen, für die höhere Mächte als er selbst verantwortlich zeichnen. Deshalb nennt er die Politik in Berlin auch die »hohe Politik«. Sie ist zu hoch, als dass er drankommen könnte.

Warum der Zornige nervt *und* nützt

Den Mitläufern gegenüber steht der Volksstamm der Zornigen, der sich aus den schwierigsten Charakteren des Landes zusammensetzt. Ihr bevorzugter Zustand ist die Empörung. Sie können sich über alles und jedes ereifern, auch darüber, dass die anderen sich nicht so erregen wie sie. »Will sich denn keiner mit mir aufregen?«, pflegte mein alter Chefredakteur zu rufen, wenn er das Gefühl hatte, ihm sitze eine Riege hochbezahlter, aber schläfriger Ressortleiter gegenüber.

Ist der Blutdruck des Mitläufers eher niedrig, rast dem Zornigen ständig der Puls. Die einen hassen die Empörungskultur, deren Teil die anderen sind. Der Zornige lebt in einer Welt des ewigen Sausens und Brausens. Ihm ist schon morgens in der Früh nach Tabula rasa.

Nicht selten fühlt er sich zu Höherem berufen. Wenn er es nicht bis zum Chefredakteur gebracht hat, verfasst er Leserbriefe an denselbigen. Wenn man ihn nicht zum Minister ernennt, dann besucht er dessen

Wahlveranstaltungen. Ungeduldig wartet er auf den Teil des Abends, da das Publikum Fragen stellen darf. Dann sprudelt es derart ungestüm aus ihm heraus, dass in der Wortflut meist die Frage verloren geht.

Ein großer Nutzen für die Demokratie sind die Zornigen nicht, werden nun einige sagen. Die Politiker belächeln sie, und auch ihre Mitmenschen nehmen sie nicht ganz ernst. Wenn der Zornige seine Reden schwingt, löst er häufig Fluchtinstinkte aus. Die meisten sehen in ihm den Querulanten und die Quengelliese.

Dennoch ist diese Spezies von unschätzbarem Wert für die Gesellschaft. Ja, sie ist eine Zumutung, aber zuweilen eben eine notwendige Zumutung. In dieser Gruppe finden wir viele unserer geschichtsmächtigen Figuren, deren Furor der Fortschrittsmotor der Gesellschaft war.

Denken wir nur an die großen zornigen Männer wie Rudolf Augstein, der in der neuen Bundesrepublik mit Unerbittlichkeit die alten Gespenster aufspürte – und sie vertrieb. Schauen wir auf die Mitstreiter der Bürgerrechtsbewegung in Ostdeutschland oder die Begründer der westdeutschen Grünen, die oft verbiestert, verbohrt und verbittert waren, aber mindestens in gleichem Maße ideenreich, unbeugsam und zukunftsversessen.

Die Bürgerrechtlerin Bärbel Bohley aus Ostberlin und die Gründerin der westdeutschen Grünen Petra Kelly waren – jede für sich – Sendboten einer Veränderung, die sie selbst nicht herbeiführen konnten. Dafür fehlte ihnen vieles, die persönliche Geduld und auch die Fähigkeit zum politischen Kompromiss. Aber mit dieser Kompromisslosigkeit öffneten sie die Tür, durch die andere dann hindurchstürmen konnten. Ohne die zornige Bohley keine Aufstiegschance für die zunächst unscheinbare Angela Merkel, ohne die grüne Donnergöttin Kelly kein grüner Realpolitiker Joschka Fischer – und womöglich hätte es ohne Rudolf Augstein mit seiner Lust an Provokation und Konfrontation auch keinen Entspannungskanzler Willy Brandt geben können.

Natürlich sind die Zornigen oft maßlos in ihrer Kritik, von der sie auch die Demokratie nicht verschonen. Wir sollten nachsichtig mit ihnen sein. Sie besitzen zwar häufig keine demokratische Legitimation, aber eine demokratische Bedeutung. Viele von ihnen kritisierten unsere bürgerliche Gesellschaft, aber nicht um sie zu beseitigen, sondern um sie zu retten. »Je lieber man sein Kind hat, desto größer ist die Rute«, wusste schon Martin Luther.

Betrachten wir die Angelegenheit doch von der anderen Seite. Was würde uns fehlen, wenn das kleine Völkchen der Zornigen und Störrischen nicht mehr wäre? Es gab und gibt ja politische Systeme, die diesen Zeitgenossen das Existenzrecht absprechen, sie einkerkern oder ausweisen. Haben diese Herrscher sich damit einen Gefallen getan? Eindeutig nein. Der Preis für die Ruhe des Augenblicks war das spätere Scheitern dieser Regime. Das Ableben der Sowjetunion, der DDR, der Volksrepublik Polen, des sozialistischen

Ungarn hängt auch mit dem Fehlen von Kritik zusammen. Wo die Herrscher sich den ganzen Tag selbst loben, stirbt nicht nur die Demokratie, sondern am Ende stirbt auch der Herrscher selbst.

Die Widerspruchsgeister sind, ob es uns passt oder nicht, oft Treiber des Fortschritts. Es gibt für sie kein anderes Ziel, als dass der Wunsch zur Wirklichkeit wird. Kaum ist die Gesellschaft reformiert, kaum haben Frauen das Wahlrecht erhalten und sind Kinder freigestellt von der Fabrikarbeit, beginnt der Widerspruch sich in ihnen erneut zu regen, nur diesmal auf höherem Niveau. »Müssen Frauen und Männer nicht den gleichen Lohn für gleiche Arbeit bekommen?«, wird nun gefragt. »Sollten die von der Arbeit befreiten Kinder nicht das verbriefte Recht auf eine Schulbildung erhalten?«

Es gibt auch danach keine Ruhe. Haben Frauen den gleichen Lohn, verlangen sie nach den gleichen Aufstiegschancen. Ist die Schulpflicht für Kinder eingeführt, folgt der Wunsch nach kostenlosem Zugang zu den Universitäten. Kaum ist der Horizont erreicht, winkt schon der nächste. Es gibt im Leben derer vom Stamme Zorn keinen Status quo, der als befriedigend akzeptiert würde. In der permanenten Unzufriedenheit drückt sich womöglich auch die Vitalität eine Nation aus.

Wer sich diesem Prinzip verweigert, verliert den Anschluss an die Moderne. Das ist in jüngster Zeit der SPD widerfahren, die alle Abweichler in ihren Reihen mit Verachtung strafte oder einige gar mit Parteiausschluss bedrohte. Mit ihrer Unfähigkeit zuzuhören hat sie in der Bonner Republik den Aufstieg der Grünen und in der Berliner Republik die Gründung der Linkspartei begünstigt. Dass die SPD jüngst nicht mal die abweichende Meinung ihres ehemaligen Wirtschaftsministers Wolfgang Clement ertragen konnte, zeigte die ganze Erschöpfung der ältesten deutschen Partei.

CDU und CSU sind ähnlich verzagt. Sie gönnen ihren Abgeordneten keine eigene Meinung. Wer sie dennoch vertritt, wird vom Fraktionsvorstand, der zugleich über die Rednerliste im Bundestag mitentscheidet, geächtet. Der CSU-Abgeordnete Peter Gauweiler, ein geistreicher, aber zugleich eigensinniger Konservativer, bekommt das seit Jahren zu spüren. Er darf in nahezu allen deutschen Zeitungen schreiben – von *Bild* bis *Spiegel* –, im Bundestag reden aber darf er nicht. Oder wenn doch, dann nachts, wenn die Liveübertragung lange schon beendet ist.

Dass der Zornige nervt *und* nützt, ist den Parteien offenbar nicht beizubringen. Sie müssten ja nicht folgen, sie müssten nur zuhören und ihnen die besten Ideen entreißen. Das Thema Umweltschutz war nicht so abwegig, wie die damalige SPD-Führung glaubte. Das Beharren der Linken auf einer Neudefinition von Staat und Nation in Zeiten der Globalisierung ist kein rundweg unsinniger Gedanke.

Es geht nicht darum, die politisch Unzufriedenen zum Maß aller Dinge zu erklären. Aber im Zorn der Andersdenkenden steckt etwas Vorwegnehmendes.

Vor 20 Jahren traf ich in den USA einen jugendlichen Unternehmer namens Bill Gates. In seinem Büro in Seattle, nicht viel größer als einer der Straßenkioske in Köln, sprach er von seinen Ideen zur Revolutionierung der Software-Industrie. Seine wichtigsten Helfer dabei seien nicht die Software-Ingenieure und nicht das eigene Genie, sondern unzufriedene Kunden, sagte er. Heimlich schalte er sich in die Telefonzentrale seiner Firma ein, um den Beschimpfungen und Anregungen von Kunden zu lauschen – mit dem einzigen Ziel, daraus zu lernen. Aus ihrer gesammelten Unzufriedenheit baute er einen Weltkonzern.

Der gute Demokrat.
Leibgardist des Systems

Die Demokratie braucht mehr als nur Mitläufer und Zornige. Sie braucht vor allem Demokraten, womit wir bei der dritten und mit Abstand wichtigsten Gruppe unserer Gesellschaft angelangt sind. Die guten Demokraten sind die Stütze des Systems. Sie sind die Leibgarde der heutigen Gesellschaft. Stehen sie dicht an dicht, gibt es für den Despoten kein Durchkommen. Sind ihre Reihen löchrig, ist unsere Demokratie in Gefahr.

Der Einfachheit halber soll hier nur vom Prototyp des Leibgardisten die Rede sein, dem guten Demokraten, auch wenn er lupenrein im wirklichen Leben kaum vorkommt. Für eine Nation ist es nicht so wichtig, dass sie aus möglichst vielen guten Demokraten besteht. Wichtig ist, dass eine Mehrheit diesem Ideal zustrebt. Die Demokratie ist weniger ein Ankunftsort als eine Art zu reisen.

Die guten Demokraten sind in politischen Dingen gedämpfte Charaktere, weil sie nichts absolut setzen, keine Partei, keine Nation, auch nicht sich selbst. Sie glauben an etwas, das größer ist als sie. Demokratie ist Freiheit, ist Lebensfreude, auch wenn sie stets ein unerfülltes Versprechen bleiben muss.

Besteht das Völkchen der Mitläufer aus Gleichgültigen, und sind die Zornigen oft lärmende Zankteufel, so ist der Demokrat beseelt von der Idee, es besser zu machen. Jene Wirklichkeit, die die anderen erdulden oder beklagen, will er verändern. Er strebt nach Freiheit *und* Verantwortung. Er träumt einen politischen Traum, aber er weiß, dass ihn keiner wahr werden lässt, wenn nicht er selbst. Er ist Realist – nicht aus Enttäuschung, sondern aus Freude am Fortschritt. Er weiß, dass der Fortschritt am erträglichsten für alle ist, wenn er in kleinen Schritten kommt.

Im Umgang mit der Obrigkeit ist auch der Demokrat kein einfacher Zeitgenosse. Er folgt zwar dem Staatsoberhaupt und den Ministern, aber seine Loyalität gilt nicht in erster Linie den Menschen an der Spitze, sondern dem Prinzip, das sie dahin gebracht hat. Er erkennt Führung an, aber er fragt den Führenden immer wieder nach seiner Legitimation. Er stimmt einer Lösung zu, aber nur unter dem Vorbehalt, dass sich nicht noch eine bessere findet.

Nach Betrachtung aller Herrschaftssysteme, vom Naturrecht der Urvölker über das System der Fürstenhäuser bis zum Gottesstaat, lässt sich kaum bestreiten, dass die Idee der Demokratie die humanste von allen ist. Macht wird nur in kleinen Portionen und auf Zeit verliehen. Das macht sie erträglich. Wenn eine Regierung versagt, kommt die nächste dran.

Dass die eine Gewalt die andere auch innerhalb einer Wahlperiode kontrolliert, das Parlament die Polizei und der Richter den Minister, ist eine so wunderbare Idee, weil sie den Menschen so nimmt, wie er ist. Sie schützt ihn vor Willkür, weil sie dem Menschen alles zutraut.

Ob jemand sich als linker oder eher als konservativer Demokrat versteht, spielt hier keine Rolle. Die Leibgardisten haben unterschiedliche Meinungen, aber gleiche Interessen. Sie bewachen denselben Hof.

Wie demokratische Leidenschaft entsteht

Die drei Teilvölker stehen nebeneinander, aber nicht wie die Zinnsoldaten. Sie bewegen sich. Das, was wir gemeinhin Deutschland oder Amerika oder Frankreich nennen, unterliegt in seinem Innersten einer ständigen Veränderung.

Selbst wenn auf den Straßen und Plätzen alles gleich aussieht, sind die Teile einer Nation doch ständig in Bewegung. Die einzelnen Teilvölker erleben ihren historischen Augenblick und ziehen sich danach wieder zurück. Von den Kräfteverhältnissen untereinander hängt es ab, welchen Pfad die Geschichte einschlägt.

An der untergegangenen DDR lässt sich studieren, dass ein und dasselbe Volk höchst unterschiedliche Wege gehen kann, je nachdem, welches Teilvolk vorneweg marschiert. Dieselbe Gesellschaft der DDR, später oft als Nischengesellschaft bezeichnet, probte 1953 den Volksaufstand. Die Regierung hatte die Arbeitsnormen verschärft, da übernahmen die Zornigen die Führung. »Ab mit Bart und Brille, das ist Volkes Wille«, skandierten sie gegen den verhassten SED-Chef.

Als russische Panzer über die Stalinallee in Berlin rollten, war ihr Aufruhr vorbei. Die Zornigen zogen sich zurück, nun erlebten die Mitläufer ihre große Stunde.

Der Aufbau des Sozialismus konnte beginnen. Die DDR-Führung förderte das Mitläufertum (und nicht den Kommunismus, wie man behauptet hatte) mit einer Vielzahl von Posten und Vergünstigungen. Wer sich gefügig zeigte, ob als Jungpionier, als Zuträger der Sicherheitsdienste oder als Mitglied der Betriebskampftruppe, den belohnte man mit Vorteilen aller Art. So wurde demokratische Leidenschaft gegen den Urlaubsplatz am Plattensee oder den Bezug einer Drei-Raum-Wohnung getauscht.

Es war äußerlich die gleiche DDR wie im Juni 1953, aber im Innern schmolzen die Reihen der Zornigen und der Demokraten so geschwind dahin, dass die

Regierung nun freie Hand hatte. Als am 13. August 1961 die Grenztruppen der DDR mit Zement und Spachtel an die Zonengrenze vorrückten, um dort eine Mauer zu bauen, schwieg das Volk. Auch wenn es ein eisiges Schweigen war, so war es doch ein Schweigen. Der DDR-Regimekritiker und Lyriker Kurt Bartsch widmete dem volkseigenen Opportunismus folgendes Gedicht:

> Als offenbar wurde
> Der schändliche Charakter des
> Unlängst Verstorbenen
> Schämten sich einige
> Ihrer Tränen an seinem Grab
> Und sprachen, sie
> Hätten vor Freude geweint.

18 Jahre später zerfiel diese Koalition aus Mitläufern und Kommunisten wieder, weil auch die Mitläufer nicht umsonst zu haben sind. Sie sind bereit, demokratische Rechte herzugeben, wenn dafür Ordnung und Wohlstand geboten werden. Aber genau das gelang den Kommunisten immer weniger.

In dem Umfang, wie die Regierung ängstlich wurde, wurde der Mitläufer mutig. Er brauchte in den letzten Lebenstagen der DDR nur hinter der Malerin Bohley herzurennen, und schon ließ sich der Plattensee gegen die Adria tauschen.

Keiner der großen Theoretiker hatte je den Übergang vom Kommunismus zum Konsumismus vorausgesagt, aber hier ergab sich die Chance dazu. Der Mitläufer hat sie zuerst gerochen. Es stimmt ja nicht, dass er keine Vision besäße. Das Tor zur deutschen Einheit, von dem er träumte, sah aus wie das schmiedeeiserne Tor des KaDeWe.

Also rief er inbrünstig »Wir sind das Volk«. Eine Koalition aus Zornigen, Demokraten und Mitläufern hatte sich in jenen stürmischen Wendetagen gebildet, die stark genug war, an der Regierung vorbeizustürmen, die Sonnenallee entlang und dann immer Richtung Kurfürstendamm. Bohley und ihre Freunde staunten nicht schlecht, wer sich da alles hinter ihnen einreihte. »Wendehälse«, fauchten sie, aber das half nun auch nichts mehr. Die Mauer fiel. Die DDR verstarb. Das gesamtdeutsche »wir« war entstanden.

Die westdeutsche Gesellschaft erlebte ähnliche Eruptionen, und zwar immer dann, wenn sich die Größenverhältnisse zwischen den Teilvölkern veränderten. SPD, CDU, FDP, Grüne und CSU wechselten sich in der Regierung ab, so steht es im Geschichtsbuch, aber ihrer jeweiligen Koalitionsbildung war ein informelles Arrangement der drei deutschen Teilvölker vorausgegangen.

Nach dem Krieg herrschten zunächst die Mitläufer, was dem Volk insgesamt eine gewisse Beflissenheit im Auftritt verlieh. Es wurde viel genickt und selten widersprochen. Man folgte der Demokratie, wie man vorher der Diktatur gefolgt war. Die neue Demokratie schimmerte bräunlich.

Es waren die Kinder der Nazi-Demokraten, denen

allmählich der Kamm schwoll. 1968 sahen sie ihre Stunde gekommen. Kaum hatten die Unzufriedenen die kritische Masse erreicht, befand sich Deutschland in heller Aufregung. Natürlich war die »Außerparlamentarische Opposition« anmaßend und arrogant, ihre Mitglieder irrten sich teils kolossal, die massenhafte Zuneigung zu kommunistischen Despoten war verstörend, die einsetzende Drogen- und Gewaltverherrlichung (»High sein, frei sein, Terror muss dabei sein«) unakzeptabel. Und dennoch hat Götz Aly, ein Zorniger dieser Zeit, in einem Punkt unrecht: Die 68er bildeten sich nicht ein, sie gehörten zum besseren Teil der Menschheit. Sie waren es. In ihrer Zeit waren sie das Beste, was Deutschland zu bieten hatte.

Die Zornigen des Jahres 1968, darin liegt ihr größter Verdienst, blieben nicht zornig. Die Mehrheit von ihnen entwickelte sich zu guten Demokraten. Der Terror der RAF war eine Fußnote der deutschen Geschichte, auch wenn sich diese Fußnote über mehrere Seiten zieht.

Entscheidend war, dass der geplante »Marsch durch die Institutionen« ein Marsch in die Institutionen wurde. Mit der Selbstintegration der revolutionären Kader und Kommunarden, der Mäßigung des teutonischen Furors begann die zweite Stunde null der Bundesrepublik. Der braune Schimmer verschwand. Deutschland wurde weiß. Eine Koalition aus Demokraten und Zornigen hatte für Reinigung gesorgt.

Willy Brandt sprach nun von »compassion«, von Mitgefühl, wo einer seiner Vorgänger nach stählerner

Härte verlangt hatte. Er warb für »mehr Demokratie« und nicht wie dieser Vorgänger für mehr Zucht und Ordnung. »Wer morgen sicher leben will, muss heute für Reformen kämpfen«, lautete Brandts Wahlkampfslogan im Spätsommer 1972. Vor nicht allzu langer Zeit hatte man auf den Straßen von Berlin und München noch skandiert: Führer befiehl, wir folgen.

Der öffentliche Raum war Anfang der 70er-Jahre dicht gefüllt. Was für eine Euphorie. Welch eine Leidenschaft. Selbst durch die Jahrzehnte hindurch hört man sie debattieren.

Die Jahre zwischen 1968 bis in die frühen 80er-Jahre waren die Blütezeit der deutschen Nachkriegsdemokratie. In den Parteien summte es wie im Bienenschlag. An jedem Tag der Jahre 1970, 71 und 72 standen bei CDU, CSU und SPD neue Mitglieder vor der Tür. Die Wahlbeteilung zog an und erreichte ihr Allzeithoch bei der Bundestagswahl 1972, als 91,1 Prozent der Wahlberechtigten den Weg ins Wahllokal fanden.

Die Demokratie blühte, nicht nur weil Millionen Bürger von den Zuschauerrängen geklettert waren. Sie blühte auch deshalb, weil diese Millionen auf Parteien und Politiker stießen, die im öffentlichen Raum freudig auf sie warteten. Erst in diesem Aufeinandertreffen von Mächtigen und Meinungsfreudigen, von Regierung und Regierten, von Parteien und Wählern entstand jene demokratische Leidenschaft, die das System nun auf Jahre mit Strom versorgte.

Der öffentliche Raum, wo sich die Mächtigen und die Bürger als Gleiche unter Gleichen begegnen, ist der für die Demokratie zentrale Ort. Repräsentative Regierungsgebäude haben andere Herrschaftssysteme auch. Marschiert wird woanders imposanter. Einen öffentlichen Raum aber, in dem Regieren vorbereitet wird, in dem Meinung sich bildet, in dem Legitimation entsteht und vergeht, gibt es nur in der Demokratie.

In diesem öffentlichen Raum herrscht eine Atmosphäre reich an Erwartungen. Sehnsüchte werden hier geäußert, Versprechungen gemacht, es wird gestritten und Streit geschlichtet, Konflikt und Konsens lösen einander ab. In diesem Raum, wir könnten ihn auch die Halle des Volkes nennen, treffen »die« und »wir« aufeinander. Aus dieser Begegnung entsteht demokratische Leidenschaft. Durchströmt sie das ganze Volk, ist es um die Demokratie gut bestellt. Fließt diese Energie nur spärlich und in kleinen Schüben, welken die demokratischen Institutionen schnell dahin, wirken grau und kränklich.

Das Völkchen der Demokraten ist nicht nur das wichtigste der drei deutschen Teilvölker, es ist auch das empfindsamste. Die demokratische Leidenschaft lebt davon, dass sie erwidert wird. Der Demokrat ist sich nicht selbst genug, haben wir vorhin gesagt. Das aber bedeutet: Er braucht die anderen.

Stößt er auf Parteien und Parlamentarier, die sich von ihm abwenden, die sich in einer eigenen, ihm fremden Sprache unterhalten und ihn keines Blickes würdigen, die sich verschleiern, ihm womöglich sogar zu verstehen geben, dass sie seine Liebe zur Politik eher als Last empfinden, dreht auch er ihnen den Rücken zu.

Undenkbar? Ein solcher Prozess ist nicht undenkbar. Er ist im Gange.

Die Mehrzahl der Demokraten spaziert zwar weiter im öffentlichen Raum auf und ab. Die Suche nach Politikern, mit denen man sich austauschen oder verbünden kann, hört so schnell nicht auf. Aber die Schritte verlangsamen sich, die Hoffnung, fündig zu werden, klingt ab, die Sehnsucht erstirbt allmählich. Es kommt zum Abfall demokratischer Leidenschaft.

An einen Abschied von der Demokratie ist so schnell nicht zu denken. Aber die Demokratie verändert allmählich ihre Intensität. Sie wirkt zunehmend matt und mechanistisch.

Der Rückgang demokratischer Leidenschaft in Deutschland bedeutet, dass es zwischen den drei Volksgruppen zu einer spürbaren Verschiebung der Gewichte kommt. Die Reihen der Mitläufer füllen sich wieder, die Zahl der Zornigen steigt, derweil die Demokraten erhebliche Abgänge zu verzeichnen haben. Es sei zu einer inneren Emigration aus der Politik gekommen, sagt der Soziologe Heinz Bude.

In der Hauptstadt beteiligten sich an den letzten Wahlen zum Abgeordnetenhaus nur noch 58,5 Prozent der Wahlberechtigten. In Frankfurt am Main waren es bei der Oberbürgermeisterwahl nur 33,6 Prozent. Europawahlen gelten vielen schon nicht mehr als Wahlen im eigentlichen Sinne. Die dortigen Instanzen, das spürt jeder Demokrat, wollen Bestätigung, aber Teilhabe bieten sie nicht an. Die europäische Idee, so wie sie in Brüssel und Straßburg gelebt wird, hat sich gegen die Demokratie verschworen. Die Bürger sind ausgerechnet bei diesem so bedeutsamen, so notwendigen, so großen Experiment der Völker ausgesperrt. Unsere Parteien wissen das, sprechen mit gesenktem Blick von »Demokratiedefizit« und tun seit Jahrzehnten nichts, um es zu beseitigen.

Die Bürger sind nicht empört, nur enttäuscht. Wer für eine Sekunde die Nebengeräusche, die unsere moderne Medienwelt ohne Unterlass produziert, ausblendet, hört die Stille: In der Halle des Volkes wird nur noch geflüstert.

Alle verfügbaren Messinstrumente melden heute den Verlust demokratischer Leidenschaft: Die Wahlenthaltung verdoppelte sich seit Mitte der 70er-Jahre. Die Zahl der eingeschriebenen Parteimitglieder reduzierte sich im gleichen Zeitraum um 50 Prozent. Der Beruf des Politikers hat an Ansehen verloren. Auch das Vorurteil stellt etwas Politisches dar, zumal wenn es der Politik kaum noch gelingt, es zu zerstreuen.

Eine schweigende Mehrheit des Volkes hat sich von den Parteien abgewandt, weil diese sich vom Volk entfernt haben. Der Abstand zwischen beiden lässt sich nicht messen, nur erahnen. Das beiderseitige Verhältnis besteht nicht aus Hass und wohl auch nicht aus tiefer Abneigung, aber aus Gleichgültigkeit. Politik, zumindest Parteipolitik, wird von Millionen nicht mehr als befreiend und beglückend, sondern als belastend empfunden.

Geburtsfehler Grundgesetz

Nun könnten auch die deutschen Parteien, müde wie sie sind, einen Schritt auf das Volk zugehen und dem Bürger die Hand entgegenstrecken. Sie könnten ihn um Hilfe bitten, ihn zur Mitarbeit ermuntern. Sie könnten ihn sogar zum Kandidieren auf ihren Listen einladen. Sie könnten ihre Mauern einreißen oder zumindest ein Loch hineinschlagen.

Aber nichts davon geschieht. Das Gegenteil ist sogar zu beobachten. Die Parteien haben die Mauern erhöht. Sie beharren sturer als je zuvor auf ihren angestammten Rechten.

Das deutsche Grundgesetz spielt den Parteien dabei in die Hände. Die Verfassung bestärkt sie in der Grundhaltung, das Volk möglichst wenig zu beteiligen. Politik ist bei uns Sache der Politiker. Das Volk soll nach Möglichkeit die Finger davon lassen. Das ist der Geist des Grundgesetzes. Demokratie – ja. Aber bitte nicht zu viel davon.

Die Verfassungsrechtler sprechen von der indirekten Demokratie, und das klingt nicht ganz zufällig wie indirekte Beleuchtung, so als würde man den Bürgern einen großen Gefallen tun, wenn man ihnen das harte Scheinwerferlicht der Demokratie vom Leibe hält. Ein paar Kerzen tun es auch.

Deutschland ist weltweit die einzige Demokratie, in der von den drei Gewalten – der gesetzgeberischen Gewalt des Parlaments, der ausführenden Gewalt der

Regierung und der kontrollierenden Gewalt der Gerichte – keine einzige durch das Volk allein bestimmt werden darf. Die Gerichte bestellt die Regierung. Die Regierung wird vom Parlament berufen. Und der Deutsche Bundestag, fälschlicherweise oft mit Volksvertretung übersetzt, wird zur Hälfte von den Parteien und nicht vom Volk bestückt.

Denn nur die eine Hälfte des Plenums gehört Abgeordneten mit Direktmandat. Das wird vom Wähler verliehen. Der direkt gewählte Parlamentarier ist der wahre Volksvertreter.

Aber schon einen Sitz weiter stößt man auf die anderen, die Listenvertreter. Sie sind in aller Regel zuvor beim Volk mit Pauken und Trompeten durchgefallen. Sie gelangen nur in den Bundestag, weil es neben dem Haupteingang noch ein Hintertürchen gibt. Dieses Hintertürchen heißt Listenplatz, und der wird von den Parteien – und das heißt in der Praxis von einer Handvoll Vorstandsmitgliedern – vergeben. Gemäß ihrem Stimmenanteil bei der Wahl dürfen die Parteien ihre Listenkandidaten nach Berlin entsenden. Das ist merkwürdig, aber legal ist es eben auch.

Diese Abgeordneten sind Delegierte ihrer Partei, sie wurden kunstvoll vorn auf der Landesliste platziert, die Frau Kassiererin vor dem Schriftführer, der Landessekretär der Gewerkschaft neben dem Kirchenmann, und natürlich dient der Listenplatz auch dazu, Minister mit Gehalt und Dienstwagen zu versorgen. Die »Liste« ist die Schatztruhe der Parteien.

Wer die Entstehungsgeschichte dieser Listenplatz-

Regel bis zu den Anfängen verfolgt, landet in den Archiven des Parlamentarischen Rates, so hieß das Gremium, das unser Grundgesetz erarbeitet hat. In dessen Protokollen findet sich der Anfangsverdacht bestätigt. Die Verfassungsväter schufen mit Absicht ein Zwitterparlament, das aus Volks- und Parteienvertretern besteht.

CDU, CSU, SPD und FDP taten es gemeinsam, und sie taten es aus zwei Gründen. Erstens misstrauten sie dem Volk. Direkte Demokratie schaffe nur »Prämien für Demagogen«, sagte der spätere Bundespräsident Theodor Heuss von der FDP. Zweitens suchten sie nach einer Möglichkeit, »ihre« Leute am Volk vorbei ins Parlament zu bugsieren. Der Parteienstaat braucht schließlich Pfründe, die sich nach Bedarf verteilen und entziehen lassen.

Damals wurde noch Klartext miteinander gesprochen, sodass über die Motive heute nicht gerätselt und nicht gestritten werden muss. Es würde, sagte ein Mitglied des Rates, »sehr begrüßt, wenn die Möglichkeit vorhanden wäre, auf Landesebene eine Reststimmenverrechnung zu haben«. Dieser Reststimmenverrechnung dient die heutige Landesliste. Natürlich gebe es den Typus Politiker, »der stark ist und direkt durchkommt«, sagte einer, aber die Reststimmenverrechnung auf der Landesliste würde gebraucht, erläuterte ein anderes Ratsmitglied in schöner Offenheit, um »solchen, die mit großer Minderheit durchgefallen sind, noch das Einrücken ins Parlament zu erlauben«.

Auf diesen Listenplätzen tummeln sich bis heute die grauen Gesellen der Parteipolitik. Diese Parlamentarier fühlen sich – zu Recht, muss man sagen – ihren Parteien verantwortlich, nicht dem Wähler und schon gar nicht ihrem Gewissen. Wer das anders sieht, gilt als Sonderling und wird entsprechend behandelt.

Als ein Abgeordneter dem Antrag des Fraktionsvorsitzenden Herbert Wehner im Parlament die Gefolgschaft versagte, ließ der »Zuchtmeister«, wie die SPD-Abgeordneten Wehner nannten, ihn rufen. Er sei nur seinem Gewissen verantwortlich, sagte der trotzige Abgeordnete. Wehner soll kühl erwidert haben: Dann lassen Sie sich das nächste Mal doch von Ihrem Gewissen aufstellen.

Für Amerika gilt, was Alexis de Tocqueville vor nunmehr über 170 Jahren gesagt hat: »Das Volk beherrscht die politische Welt Amerikas wie Gott das Universum.« In Deutschland sind die Parteien die Götter. Wer nach oben will, muss durch sie hindurch. Das Volk spielt eine Rolle, aber nicht die entscheidende.

Schon im Parlamentarischen Rat war abschätzig vom »durchschnittlichen Bierbankphilister« die Rede, dessen Meinung man ruhig ignorieren könne. Später sprach Kohl von denen »draußen im Lande«, wenn er die Bürger meinte.

Im Deutschland des demokratischen Feudalismus haben die Parteien das Sagen, und keineswegs nur die großen. Das in der Verfassung verankerte Verhältniswahlrecht zwingt zur Koalitionsbildung, womit den kleinen Parteien eine große Rolle zufällt. Für diese

Funktion werden sie dann später reich belohnt. Mit wenigen Ausnahmen stellten ausgerechnet jene, die von über 90 Prozent der Wähler nicht gewählt wurden, also Grüne und Liberale, den Vizekanzler und Außenminister.

Wenn es ein durchgängiges Prinzip gibt in der deutschen Demokratie, dann ist es die fehlende Durchschaubarkeit von Prozessen und Personen. Im Grunde passieren nach dem Wahlakt jedes Mal erstaunliche Dinge. Einen Wahlkampf lang warb Gerhard Schröder für sich, und drei Wochen nach dem Wählerentscheid hieß der neue starke Mann der SPD Frank-Walter Steinmeier. Viele hatten von dem Mann noch nie gehört.

In Bayern wählten 43 Prozent der Wähler den Ministerpräsidenten Günther Beckstein. Zu wenig, befanden die CSU-Parteigremien und zwangen den Mann zum Rücktritt von allen Ämtern. Der Ministerpräsident heißt nun Horst Seehofer. Der aber stand vorher auf keinem Wahlzettel.

Es geht nicht darum, ob Steinmeier oder Seehofer gute oder schlechte Politiker sind. Wichtig ist festzuhalten, dass keiner von beiden durch das Volk legitimiert wurde. Es hat sie keiner gewählt, und es musste sie auch keiner wählen. In unserem System bestellen die Parteien das Spitzenpersonal, nicht die Wähler. Der Wähler darf mitreden, aber das letzte Wort haben die Parteien. Wir leben in einer Demokratie, aber es ist eine Demokratie von oben.

Das Grundgesetz und seine Interpretationen sind

voller Relativierungen, die in ihrer Vielzahl dazu ange-
tan sind, die Schönheit der Demokratie merklich zu
entstellen: Verhältniswahlrecht, Proportionalwahl-
recht, Sperrklausel, Zweitstimme, Listenverbindung.
Die Demokratie wird nie einfach nur Demokratie
genannt, sie ist eine repräsentative Demokratie, eine
indirekte Demokratie, sie heißt mal Kanzlerdemokratie, mal Parteiendemokratie, aber immer kommt sie
mit Schutzpanzer daher.

Selbst bei der Wahl des Bundespräsidenten geht es
verschämt zu, obwohl der keine echte Macht in den
Händen hält. Eine Volkswahl ist per Verfassung ausgeschlossen. Also werden Spitzensportler, Schauspie-
ler, Pfarrer und Gewerkschaftsfunktionäre zu einer
über tausendköpfigen »Bundesversammlung« grup-
piert, die dann unter Anleitung der Parteien zur Abstimmung schreitet. Die Parteifürsten mögen schon
dieses Verfahren nicht sonderlich, weil ihnen zu viel
Volk beteiligt ist.

In Berlin kann man es in den Wochen vor jeder Präsidentenwahl beobachten, wie sie tuscheln und die
Nase rümpfen. Das Volk ist dem Volksvertreter schon
in kleiner Dosierung lästig. Die Unwägbarkeiten sind
jedes Mal groß und die Mühen beträchtlich, um das
zwischen den Parteiführern verabredete Ergebnis
auch durchzusetzen.

Wenn Macht die Fähigkeit ist, andere zu dem, was
man will, zu veranlassen, oder sie von dem, was man
nicht will, abzuhalten, dann ist der deutsche Demokrat ein bedauernswertes Wesen. Er kann wählen,

wen er will, und darf nicht mal sicher sein, dass die stärkste Partei auch den Kanzler stellt.

Gerade dieser Fall, von dem viele meinen, er sei das Normalste von der Welt, ist es nicht. Nach 16 Bundestagswahlen hat die SPD fünfmal den Kanzler gestellt, obwohl ihr Kandidat nur dreimal – 1972, 1998 und 2002 – in der Gunst der Wähler vorn lag. Franz Josef Strauß bekam 1980 mehr Stimmen als Helmut Schmidt, auch Helmut Kohl erzielte 1976 ein besseres Ergebnis als der Hanseat. Der Koalitionspartner FDP sorgte in beiden Fällen für die nötige Kanzlermehrheit, nicht der Wähler.

Nun sagen besonders pfiffige Menschen, es sei unfair, so zu argumentieren. Die kleinen Parteien legen sich schließlich vorher fest, welchen Regierungschef sie später wählen. Deshalb spricht man ja auch vom Lagerwahlkampf.

Denen sei erwidert: Auf diese Vor-Wahl-Festlegungen ist kein Verlass, und sie besitzen auch keinerlei Rechtsverbindlichkeit. Die SPD regiert in Berlin mit der Linkspartei – entgegen ihrem ursprünglichen Wahlversprechen. Die SPD in Hessen plante im Herbst 2008 dasselbe. Auch die Bonner FDP verließ schließlich Schmidt, sodass Kohl doch noch Kanzler wurde. Im Wahlkampf war von den Liberalen die Fortsetzung von »sozial-liberal« versprochen worden. Man kann den »Wortbruch« jeweils beklagen, und die Parteien tun das auch, aber einklagen kann man die Koalitionsaussage eben nicht.

In der Welt der Wirtschaft – Banken muss man

davon wohl mittlerweile ausnehmen – funktioniert es in aller Regel so. Wer bei Volkswagen einen Golf bestellt, entscheidet damit über die Größe des Motors, die Farbe der Lackierung und die Beschaffenheit der Sitze. Er ist Herr des Produkts.

In der Politik wählt er SPD oder CDU mit einem Blankoscheck, und selbst wenn die Rentenkürzung und die Mehrwertsteuererhöhung ausdrücklich im Wahlkampf ausgeschlossen wurden, ist es gang und gäbe, dass beides wenige Wochen nach der Wahl beschlossen wird.

Den Golf lehnen wir ab, wenn er in grün statt in rot angeliefert wird, wenn statt des Dieselmotors ein 6-Zylinder-Turbo-Benziner unter der Haube steckt. In der Politik aber gilt: Friss oder stirb, lerne leiden, ohne zu klagen. Es klingt wie eine Polemik, aber es ist nichts als die Wahrheit: Der Konsument genießt heute mehr Rechte als der Wähler. VW geht mit unseren Wünschen sensibler um, als SPD und CDU es je getan haben.

Im vergangenen Wahlkampf schloss die SPD die Mehrwertsteuererhöhung kategorisch aus, derweil die CDU eine zweiprozentige Erhöhung angekündigt hatte. »Merkel-Steuer – das wird teuer«, stand auf den SPD-Plakaten. Wenige Wochen nach Bildung der Großen Koalition wurde dann gemeinsam hingelangt. Die Merkel-Müntefering-Mehrwertsteuer betrug plötzlich drei Prozent. Wenn schon Wortbruch, dann richtig, dachte man sich bei der SPD.

Die Gründe für diesen etwas rüden Umgang mit

dem Volk wurzeln tief in unserer Geschichte. Der Bürger gilt den Politikern nicht viel. Er ist für sie eine Instanz, aber weder die erste noch die letzte. Auf dem Bürger lastete schon aus Sicht der Verfassungsväter ein böser Fluch, der Fluch der Vergangenheit.

Die Weimarer Demokratie mit ihren Volksentscheiden, der Direktwahl des Präsidenten und der dauernden Möglichkeit des Parlaments, sich aufzulösen und den Bürger neu wählen zu lassen, hatte die Deutschen zu sehr aufgewühlt, glaubten sie. »Die Ausschaltung des Volkes von jeder Direktaktion empfahl sich nach den unter dem Nationalsozialismus gesammelten Erfahrungen«, fasst Golo Mann die Motive der Grundgesetzväter zusammen.

Den Alliierten galten die Deutschen ohnehin als nur bedingt demokratietauglich. Sie seien, so meinte man, schon in ihrer Erbanlage roher und grobschlächtiger als die anderen Völker. Kaum der Windel entkommen, würden sie als Brüller und Marschierer in Erscheinung treten, sie seien besser im Gehorchen und Vollstrecken als im Nachdenken und Mitfühlen. Hitler, das war Wahnsinn, so ihre Schlussfolgerung, aber Wahnsinn mit Methode. Es ist noch nicht allzu lange her, da legte Harvard-Professor Daniel Goldhagen ein Werk vor, das die Deutschen als »willige Vollstrecker« bezeichnete.

Demokratiefeindlichkeit kann man den Amerikanern nicht nachsagen, sie sind die wohl größten Anhänger freier Wahlen. Es gibt kein Land auf der Welt, in dem so leidenschaftlich gestritten und so häufig gewählt wird. Nicht nur der Präsident, schon die Präsidentschaftskandidaten gehen aus Wahlen hervor.

Selbst die spätere Nummer zwei, der Vizepräsident, muss sich vorher dem Volk vorstellen. Über 60 Millionen Amerikaner verfolgten im vergangenen Jahr die Reden der beiden Kandidaten für die Position der Nummer zwei. Das Volk will die Möchtegern-Mächtigen kennenlernen. Wer ins Weiße Haus einziehen, die mächtigste Armee der Menschheitsgeschichte kommandieren und den Atomkoffer in Empfang nehmen möchte, wird zuvor durchleuchtet wie beim Röntgentest.

Auch in die dunklen Ecken seiner Biografie wird hineingeleuchtet. Das Volk will vorher wissen, ob irgendwo Metastasen wachsen. »Ich bin getestet«, sagte Hillary Clinton stolz, bevor sie die Vorwahlen dann doch verlor.

Adolf Hitler war ungetestet. Der Gedanke ist reizvoll, was wohl eine moderne Parteien- und Mediendemokratie amerikanischen Vorbilds mit einem wie ihm gemacht hätte. Hitler, ein Mann ohne Ausbildung, ohne Ehefrau, ohne Manieren, ein rechter Hassprediger mit schriftlich niedergelegten Vernichtungsphantasien, der von Wirtschaft so wenig verstand wie von den praktischen Dingen der Lebensführung, wäre im heißen Scheinwerferlicht einer direkten Demokratie wohl verglüht. Zu gern hätte man ihn im journalistischen Kreuzverhör erlebt: Womit begründen Sie Ihren Hass auf Bürger jüdischen Glaubens? Warum spielt sich ein Österreicher als Deutschester aller Deutschen auf? Wieso brüllen Sie selbst in kleinster Gesellschaft?

»Adolf Hitler. Der Psychopath«, hätte der *Spiegel* wahrscheinlich auf sein Titelbild geschrieben.

Die Antwort auf Hitlers Drittes Reich hätte also auch Demokratie und Meinungsfreiheit in Reinkultur lauten können. Die Antwort auf den autoritären Einparteienstaat, der seine Bürger bevormundete und drangsalierte, hätte eine Bürgerdemokratie mit einer Vielzahl von direkten Einwirkungsmöglichkeiten – von der Volksabstimmung in Einzelfragen bis zur Direktwahl des Kanzlerkandidaten durch alle Parteimitglieder und ihre Sympathisanten – sein können. Ist sie aber nicht.

Unsere Grundgesetzväter machten die Demokratie der Weimarer Republik für den Aufstieg des Anti-Demokraten Hitler mitverantwortlich – und schränkten daher die Demokratie ein. Das Parteienversagen wurde sehr weitgehend zum Volksversagen erklärt. Dieser Schuldspruch gelang, weil Besatzer und Parteipolitiker sich zulasten eines Dritten, des Volkes, einigten.

Die Parteien hatten nach dem Krieg wenig Interesse, ihren Schuldanteil aufzuarbeiten. Dass die Alliierten es auch nicht von ihnen forderten, war ihnen nur recht. Die Sowjets wollten lediglich eine »demokratische« Fassade, und die westlichen Alliierten wollten vor einer »Reeducation« dem deutschen Volk doch lieber nicht zu viel direkte Macht geben. Der Kompromiss war schnell gefunden.

Die deutschen Parteien erhoben sich zügig von der Anklagebank, und die Bürger blieben sitzen. Da sitzen sie bis heute.

Das Bundesverfassungsgericht hat sich einmal zugunsten des Volkes eingemischt und von den Politikern ein »Parteiengesetz« verlangt, in dem sie den Bürgern mehr Rechte geben sollten. Demokratie lebt von Teilhabe, schrieben die Richter in ihrem Urteilsspruch.

So entstand ein Parteiengesetz. Demnach sollen die Parteien die Teilnahme der Bürger am politischen Leben fördern, zur Übernahme öffentlicher Verantwortung befähigte Bürger heranbilden und für eine »ständige, lebendige Verbindung zwischen dem Volk und den Staatsorganen sorgen«.

Nichts davon ist geschehen. 1992 erklärte die Gesellschaft für deutsche Sprache »Politikverdrossenheit« zum Wort des Jahres. Der damalige Bundespräsident Richard von Weizsäcker warf den Parteien vor, sie seien »machtversessen auf den Wahlsieg und machtvergessen bei der Wahrnehmung der inhaltlichen und konzeptionellen politischen Führungsaufgabe«.

Daran hat sich bis heute nichts geändert. Das Unbehagen im Volk ist groß, die Lust auf Rebellion dennoch klein. Das Volk will nicht schon wieder verantwortlich gemacht werden, wenn es mit der Demokratie nicht klappt. So ist denn die große Ruhe der Berliner Republik nicht als Zustimmung, sondern eher als Gegenstück zur großen Ruhelosigkeit der Weimarer Jahre zu verstehen.

Damals wurde gepöbelt und geprügelt, heute schweigt man lieber. Damals wurde das Volk immer radikaler, heute wächst die Gleichgültigkeit. Damals stieg der Pulsdruck, heute fällt er ab. Wenn die Deutschen die Demokratie nochmals aufgeben sollten, dann nicht aus Gründen der Überhitzung, sondern aus Gründen der Unterkühlung. In Weimar ist die Demokratie verglüht. Das nächste Mal könnte sie erfrieren.

ICH.

Ansichten eines Nichtwählers

Erst die Sehnsucht und dann

Die Deutschen seien unpolitisch geworden, heißt es heute oft. Sie würden keiner Partei beitreten, sie würden nicht mehr wählen gehen, und die Zuschauerquoten der politischen TV-Magazine zeigten auch nach unten.

Die Tatsachen sind nicht bestreitbar. Der naheliegende Gedanke aber, das Verhalten der Bürger könne an den Parteien und ihrer Politik liegen, wird schnell beiseite geschoben. Der Schuldspruch steht fest: Der Deutsche ist unpolitisch geworden.

Nun entwickelt bekanntlich jede Generation ihren eigenen Ton, so auch die jetzt lebende. Die Marschmusik der Großeltern ist den Nachgeborenen so unheimlich wie die zuweilen kindische Aufmüpfigkeit der Eltern. In den politischen Beziehungen ist mehr Nüchternheit eingekehrt. Es wird Piano gespielt, nicht mehr laufend die Trommel geschlagen.

Man ist weniger laut, aber man fühlt deswegen nicht weniger intensiv. Mitleid und Empörung sind nicht ausgestorben, aber beides entlädt sich nicht mehr in Handgreiflichkeiten. Amerikanische Generäle werden mit Skepsis empfangen, wie vor Jahrzehnten auch, aber mit Blut bespritzt sie niemand mehr. Der Unternehmer ist nicht mehr der Todfeind. Das Auto ist wieder nur ein Auto und nicht länger Plakatfläche für politische Bekenntnisse.

Man verlangt nach Ehrlichkeit und Anstand, nicht nach demokratischem Sozialismus. Die Welt soll verbessert werden, aber auf keinen Fall mit der Pistole in der Hand. Weg und Ziel bilden erstmals seit Langem eine Einheit und dementieren sich nicht ständig gegenseitig.

Auch der Umgang mit Politikern hat sich verändert. Man begegnet ihnen auf Augenhöhe. Sie werden nicht gehasst und nicht angehimmelt. Man hört zu, aber nicht andächtig. Gegenüber leeren Phrasen und dem Aufplustern von Parteikadern allerdings hat sich eine Allergie herausgebildet, weshalb Roland Koch bei seinem letzten Auftritt auf dem Berliner Wittenbergplatz nicht viel mehr Menschen anzog als der Mann schräg gegenüber, der für eine Wunderraspel warb, mit der sich Mohrrüben schneiden, häckseln, pressen oder quetschen lassen.

Das alles ist nicht unpolitisch, das ist klug. Die zivilisierte Unzufriedenheit steht dem deutschen Bürgertum deutlich besser zu Gesicht als alles Vorherige. Dass es Missstände als solche empfindet, sollten wir ihm nicht verübeln, sondern hoch anrechnen. Auch demokratische Missstände bleiben Missstände.

Dass die republikanische Leidenschaft der Deutschen nicht erloschen ist, zeigte sich zuletzt am 24. Juli vergangenen Jahres. Da hielt der amerikanische Präsidentschaftsbewerber Barack Obama in Berlin eine Rede.

Mehr als 200 000 Zuhörer kamen zur Siegessäule im Berliner Tiergarten, ohne Freibier, ohne Spielmannszug, auch ohne Udo Lindenberg, Marius Müller-Westernhagen oder BAP, die von deutschen Politikern gern als Lockangebot eingesetzt werden. Obama sprach an diesem Tag vor einer Menschenmenge, die größer war als jene Zuhörerzahl, die Frank-Walter Steinmeier und Angela Merkel über die Dauer ihres gesamten Politikerlebens vor sich sehen werden. Diese unterschiedliche Attraktivität liegt nicht nur an ihm. Sie liegt auch an den deutschen Spitzenpolitikern.

Diese büßen, das darf nicht verschwiegen werden, für die Unbeliebtheit der Parteien, denen sie angehören. Wie eine feuerfeste Schicht haben sich diese Vereinigungen zwischen Bürger und Staat geschoben, was die Bürger ihnen zunehmend verübeln. Die Parteien zwingen die politisch interessierten Bürger zur Loyalität oder sperren sie aus. Es gibt keinen anderen Weg zur Macht. Deshalb sprach der Bundesverfassungsrichter Gerhard Leibholz früh schon von Deutschland als »Parteienstaat«.

Auch innerhalb der Parteien herrscht ein Normierungsdruck, der verharmlosend »Stallgeruch« genannt wird und der in keiner modernen Firma akzeptiert werden würde. Die Mitglieder sind einer heimlichen, einer formlosen Macht ausgesetzt, die Michel Foucault so treffend beschrieben hat: »Wir werden so zugerichtet, dass Macht nicht an uns ausgeübt werden muss, weil sie bereits in uns wirkt.«

Die Bürger weichen nicht *der* Politik aus, sie weichen *dieser* Politik aus. Der Bürger will nicht dominiert werden. Er wendet sich ab. Nie und nimmer will er Parteigänger, Parteimitglied, Parteisoldat oder gar Parteitagsdelegierter werden. Man sperrt sich ja schon dagegen, als Sympathisant zu gelten. Die heutigen Deutschen wollen gute Demokraten sein, aber nicht Gefolgsleute von Merkel, Müntefering oder Westerwelle mit Eintrag in die Rednerliste und Klatschanweisung für den nächsten Parteitag.

Sie schauen gern politische Sendungen, aber nicht, wenn statt leibhaftiger Menschen nur wieder Produzenten von Wortstanzen auftreten. Sie besuchen mit Leidenschaft politische Veranstaltungen, siehe Obama vor der Siegessäule, siehe das Live-Aid Konzert in Berlin (200 000 Besucher im Vergleich zu 100 000 in Paris), siehe auch die von dem Journalisten Giovanni di Lorenzo mitorganisierte Lichterkette gegen Fremdenfeindlichkeit in München. Aber sie meiden Parteiversammlungen, als sei dort die Pest ausgebrochen.

Es hilft nichts, die Augen vor der fundamentalen Erkenntnis zu verschließen: Die Parteien, Institutionen aus dem späten 19. Jahrhundert, werden von den heutigen Deutschen in ihrer Mehrheit abgelehnt, friedlich, energisch, instinktiv. Wenn es derzeit ein politisches Projekt in Deutschland gibt, dann ist es nicht die Re-

vitalisierung des Parteienstaats, sondern seine Überwindung.

Eine funktionstüchtige Alternative ist noch nicht gefunden. Aber das sollte niemanden an der Kritik hindern. Das Lossagen vom Bestehenden war noch zu
allen Zeiten der Vorbote der Veränderung.

Erst stach der Schwefelgeruch des Kraftwerks
Buschhaus in der Nase, bevor bundesweit Filter eingebaut wurden. Erst murrten die Ostdeutschen, dann fiel
die Mauer. Erst sprach Martin Luther King, bevor
Barack Obama Präsident werden konnte. Erst kommt
der Wille, danach findet sich der Weg. Es gibt ein
Gesetz der Politik, das lässt sich in fünf Worten zusam-
menfassen: Erst die Sehnsucht und dann.

Damit sind wir bei dem seit 60 Jahren virulenten
Vorwurf über die Deutschen, der dem aktuellen zu-
widerläuft. Demnach sind die Deutschen nicht unpolitisch, sondern gefährlich. Sie müssen gezähmt und
umzäunt werden. Dieser Vorwurf bildet die geistige
Grundlage unseres Grundgesetzes, ohne dass wir seinen Vätern daraus einen Vorwurf machen können.
Sie haben vor 60 Jahren eine Verfassung entworfen,
die maßgeschneidert war für die Bundesrepublik der
Nachkriegsjahre.

Die deutsche Demokratie ist ein Kind des Krieges
und der Diktatur. Das Volk des Grundgesetzes war
in seiner Gänze kein demokratisches Volk. Es war
ein in Teilen barbarisches Volk, auch ein apathisches
Volk, und nicht wenige seiner Mitglieder waren
traumatisiert, von Niederlagen, Bomben, Flucht, Ver-

treibung oder den eigenen Verbrechen. Die Verfassung wurde daher volksfern angelegt. Ihr Leitmotiv war: Nie wieder.

Doch dieses Volk des Dritten Reiches gibt es nicht mehr. Die alten Nazis liegen in der Gruft und ihre Mitläufer im Grab nebenan. Die neuen Nazis sind unschön für das demokratische Deutschland, aber ungefährlich für seine Stabilität. Die demokratische Festigkeit der Bundesrepublik, um die man damals besorgt sein musste, steht nicht mehr in Zweifel.

Die Kinder, Enkel und Urenkel des Gründungsvolkes von 1949 haben auf vielfältige und eindrucksvolle Weise ihre demokratische Gesinnung gezeigt, kultiviert und verfestigt, so dass man mit Fug und Recht sagen kann: Die Vergangenheit ist nicht vergangen, aber sie ist luftdicht abgeschlossen. Sie weht nicht mehr ständig zu uns herüber.

Viele der Gründe, die damals zur Errichtung einer indirekten Demokratie führten, sind damit entfallen. Das Provisorium mit seiner Parteiendominanz, dem einflusslosen Bundespräsidenten und der Ablehnung jedweder direkten Beteiligung von Bürgern ist zum Relikt einer untergegangenen Epoche geworden.

Diesen Mangel an Demokratie empfinden die Parteien naturgemäß nicht als solchen. Das Grundgesetz ist für sie Bibel und Versicherungsschein. Was wir Mangel nennen, hat ihnen einen ansehnlichen Macht- und Bedeutungsschub gebracht und auch handfeste finanzielle Vorteile.

Nur an einem einzigen Tag, dem Wahltag, sind die

Parteien druckempfindlich. Dann erstirbt für 24 Stunden ihre emsige Betriebsamkeit, und das große Schlottern setzt ein. Der Bürger hat nun das Wort. Die Machtfrage ist gestellt und muss von ihm beantwortet werden. Dieser Tag nähert sich wieder.

Die Machtfrage

Einige Monate des Verrücktseins gehören zur Politik wie der Karneval zu Köln. Man nennt sie die Wahlkampfzeit.

Die kleine Differenz hat dann ihren großen Auftritt. Die Regisseure setzen alles daran, zu dramatisieren. Das Nebensächliche schminken sie grell. Die Unterschiede putzen sie heraus, echte und unechte, erledigte und erfundene, jede Belanglosigkeit kommt nun mit Federboa in den Saal stolziert.

Wenn die Mobilisierung der Bürger überhaupt noch gelingen soll, so sagen die Dramaturgen in den Parteizentralen, muss in dieser Zeit von Verstand auf Gefühl umgeschaltet werden. Nach vier Jahren Großer Koalition sei es nicht leicht, die Gefühle der Wähler, auch die in Reihe 125, in Schwingung zu versetzen. Daher gilt der zynische Satz eines Wahlkampfstrategen: »Wir müssen noch deutlicher sein als die Wirklichkeit.«

Die Kunst der Koalitionsparteien besteht in den kommenden Monaten darin, keine allzu große Gemeinsamkeit sichtbar werden zu lassen. Der Kompromiss wird in den Urlaub geschickt. Die Partner von gestern treten als Held und Halunke vors Publikum, wobei das Verwirrende der Inszenierung darin liegt, dass jeder vom anderen behauptet, er sei der Übeltäter.

Dem Wähler soll es scheinen, als stünden Schicksalsfragen obenan. Krieg oder Friede? Absturz oder Aufstieg? Entweder es siegt die soziale Sicherheit oder der Käfig zum Raubtierkapitalismus öffnet sich.

Hinter jedem Schlachtruf, jeder Verteufelung, jedem Versprechen schimmert – unschwer zu erkennen – das jeweilige Parteiabzeichen durch. Diesmal CDU! Wählt SPD! Die Zukunft ist grün! Liberale für Deutschland! Oskar for Präsident! Von den diversen Splittergruppen links und rechts des Weges wollen wir gar nicht reden. Sie sind närrisch, auch außerhalb der Wahlkampfzeit.

Es ist nicht die Absicht dieses Buches, diesen Wahlaufrufen einen neuen, eigenen hinzuzufügen. Es will vielmehr vor den Aufrufen der Parteien warnen.

Wenn hier für etwas geworben werden soll, dann für ein Innehalten. Die Lösung der deutschen Probleme heißt nicht *mehr* Parteienstaat, sondern *weniger* Parteienstaat. Die Wiederwahl von SPD, CDU und all der anderen Parteien würde derzeit nicht Erneuerung, sondern die Fortsetzung der Erstarrung in Deutschland bedeuten.

Wer die Öffnung des heutigen Parteienstaats vorantreiben will, darf ihn nicht bestätigen. Wer wählt, stimmt zu. Jede Stimme für eine der Parteien wird diese sofort als Ermunterung zum Weiter-so verstehen. Die Frage für sie lautet, ob es ein Weiter-so unter sozialdemokratischer oder christdemokratischer Führung sein wird. Der Unterschied ist groß – aber nur für sie.

Es gibt heute nur ein Stimmverhalten, das den Ruf nach Erneuerung ausdrückt. Es sendet den Parteien ein friedliches und zugleich kraftvolles Signal. Es greift die Kritik auf, die von den ehemaligen Bundespräsidenten Richard von Weizsäcker und Roman Herzog sowie dem amtierenden Präsidenten Horst Köhler am Parteienstaat geäußert wurde, und geht zugleich über sie hinaus. Nur dieses Stimmverhalten schafft Raum für das derzeit knappste Gut in der deutschen Parteipolitik: Nachdenklichkeit. Die Rede ist von der Wahlenthaltung.

Sie sagt:

Unsere Demokratie ist nicht durch innere oder äußere Feinde bedroht, sondern durch Erschlaffung. Ich kündige den politischen Parteien die Gefolgschaft, weil ich von der Politik deutlich mehr erwarte – mehr Ernsthaftigkeit, mehr Anstrengung, mehr Ehrgeiz. Das althergebrachte Parteiensystem scheint mir nicht Teil der Lösung, sondern Teil des Problems zu sein. Manchmal frage ich mich: Lebt ihr eigentlich noch? Und wenn ja, in welcher Welt? Ich votierte nicht für die Verlängerung des Parteienstaats, sondern für seine Erneuerung. Über die Details dieser Erneuerung, auch das sagt meine Botschaft, muss geredet werden – nicht nur unter den Parteien, sondern mit mir, den ihr abschätzig Nichtwähler nennt.

Dabei ist die Nichtwahl sehr wohl eine Wahl. Sie ist, wenn sie bewusst getroffen wird, sogar von allen

Wahlmöglichkeiten die schwierigste, die heikelste, aber auch die deutlichste, wie jedermann spätestens am Wahlabend erkennen kann.

Die Wähler von SPD und CDU bekommen dann artig ein Dankeschön überreicht, auch dafür, dass sie ihren Vormund erneut beauftragt haben. Der anständige Deutsche geht wählen, sagt der Parteifunktionär. Und hat uns danach in Ruhe zu lassen, fügt er leise hinzu.

Der Nichtwähler kann sich über mangelnde Aufmerksamkeit dennoch nicht beklagen. Die Experten innerhalb und außerhalb der Parteien werden sich über ihn beugen wie über ein störrisches Kind, monatelang.

Wer sich in der politischen Psychologie eines Volkes auskennt, weiß genau, was eine stark zunehmende Wahlenthaltung bedeutet. Sie signalisiert alles, aber bestimmt nicht Gleichgültigkeit. An Europawahlen nahmen zuletzt 57 Prozent der Deutschen nicht mehr teil. Bei den Landtagswahlen in Baden-Württemberg und Sachsen-Anhalt blieb annähernd jeder zweite Wahlberechtigte zu Hause. Seit der Willy-Brandt-Wahl 1972 hat sich die Nichtwählerzahl im Bund fast verdreifacht – von damals 8,9 auf zuletzt 22,3 Prozent der Wahlberechtigten. Diese Zahlen kommen nicht durch gestiegene Bequemlichkeit, sondern durch gewachsene Enttäuschung zustande. Die Zahl der Bequemen bleibt immer gleich.

Der Anstieg der Wahlenthaltung offenbart einen unerfüllt gebliebenen Anspruch der Wähler an das politische System. Der Nichtwähler ist der Ehepartner, der sich verweigert; das Kind, das plötzlich verstummt; der kleine Oskar Matzerath, der sich von der Kellertreppe stürzt und nicht mehr wachsen will.

Die Wahlenthaltung ist nicht bequem, sie ist für jeden, der diese Entscheidung trifft, eine Qual. Sie schmerzt, weil sie die bisherige Routine durchbricht, weil sie in Neuland führt, weil sie eine alte Loyalität beendet, und sei es vorübergehend.

Der Nichtwähler nimmt exakt jenes Werkzeug in die Hand, das die Verfassungsväter für den Fall großer Unzufriedenheit geschmiedet haben. Das Nichtwählen ist im Parlamentarischen Rat nach Kriegsende ausführlich besprochen und schließlich von allen Mitgliedern als wichtige, als unverzichtbare Möglichkeit der politischen Meinungsäußerung befürwortet worden. Der Vorschlag, eine Wahlpflicht einzuführen, wurde gemacht (von Vertretern der CDU) und wenig später auch von den CDU-Vertretern abgelehnt.

»Als ich das erste Mal das Wort Wahlpflicht hörte, ging mir ein kleiner Schauer über den Rücken«, sagte der CDU-Vertreter im Parlamentarischen Rat Josef Schrage. Ein Wahlzwang würde »gegen die Demokratie verstoßen«, ergänzte Schriftführer Jean Stock von der SPD. »Wenn wir in der Wahl einen Wahlzwang mit Strafbestimmungen einführen, wie ist es dann mit der Stimmenthaltung der Abgeordneten? Kann ein Abgeordneter überhaupt noch Stimmenthaltung in einem Parlament üben, wenn der Wähler zur Abstimmung gezwungen wird?«, fragte das Ratsmitglied

Georg Diederichs, ebenfalls SPD. Dann stellte er für sich klar: »Ich bin grundsätzlich dagegen. Die Wahlenthaltung durch Nichthingehen ist auch eine Wahl.«

Die Freiheit des Wählers sei unantastbar, so verständigte man sich schließlich, sie schließe auch die Nichtwahl ein. Der Wähler muss die Möglichkeit haben, nicht nur einzelne Parteien, sondern das Angebot insgesamt zurückzuweisen. Wenn er dieses Angebot als dürftig, als unangemessen oder auch nur als modernisierungsbedürftig empfindet – er muss es sagen und zeigen dürfen. Er kann, das war der Gedanke der Verfassungsväter, die Parteien nicht kritisieren, indem er sie dauernd bestätigt. Er muss das »Mir-nicht-Gefallen« zum Ausdruck bringen dürfen, wie ein Ratsmitglied es formulierte.

Den heutigen Parteien behagt die Entscheidung von damals nicht. Sie versuchen die Wahlenthaltung als undemokratisch zu verteufeln. Was wird da nicht alles an Argumenten vorgebracht.

Eine massenhafte Wahlenthaltung würde die großen Parteien schwächen und die kleinen Parteien, womöglich auch die radikalen Rechten, stärken. Das klingt dramatisch, aber stimmen tut es nicht. Die Unzufriedenen sind in allen politischen Lagern zu Hause. Ein Zusammenhang von Nichtwähleranteil und besseren Ergebnissen für die radikalen Rechten bei bundesweiten Wahlen ist nicht nachweisbar.

Bei Europawahlen schrumpfte die Wahlbeteiligung von 1989 bis 2004 um 20 Prozent. Die stärkste Rechtspartei, in diesem Fall die Republikaner, verlor im gleichen Zeitraum rund zwei Drittel ihrer Wähler, bildete sich von 7,9 Prozent auf 1,9 Prozent zurück.

Bei den Bundestagswahlen ergibt sich der gleiche Befund: steigende Nichtwählerschaft bei sinkendem Wahlergebnis für die Rechtsparteien. Die NPD erzielte ihre Erfolge in den späten 60er-Jahren, die Republikaner in den 90er-Jahren. Die DVU, die dritte Rechtspartei in Deutschland, befinde sich »bundesweit im Abwärtstrend«, heißt es im jüngsten Verfassungsschutzbericht des Landes Brandenburg. Keine der Rechtsparteien bewegt sich auch nur in der Nähe der Fünf-Prozent-Hürde, die zu überspringen für den Einzug in den Bundestag nötig wäre.

Wer nicht wählt, stärkt Oskar Lafontaine. Damit will Angela Merkel die Bürger erschrecken. In Wahrheit aber wurde Lafontaine bisher nicht vom Wähler stark gemacht, sondern von der blutleeren Politik der Großen Koalition. Die allerdings würde ihre Arbeit, Zustimmung am Wahltag vorausgesetzt, gerne fortsetzen. So gesehen stärkt jede Stimme für SPD und CDU am Ende nur einen: Lafontaine.

Aber das Wahlrecht sei doch das Urrecht der Demokratie, wird dann gesagt. Das ist heilig und muss heilig bleiben. Wer es verwerfe, versündige sich. Das stimmt! Aber das Wahlrecht wird durch Wahlenthaltung nicht weggeworfen. Es wird genutzt, nur anders, als es die Parteien vom Bürger erwarten. Aber der Souverän kann sich den Erwartungen der Parteien entziehen. Das macht seine Souveränität aus.

»Habt ihr denn kein schlechtes Gewissen?«, wird

der Nichtwähler dann gefragt. Die ehrliche Antwort darauf lautet: Ja. Natürlich sagt der Reflex nach wie vor: Wählen gehen!

Der Wählen-gehen-Reflex wurde zu einer Zeit ausgebildet, als die Demokratie in Deutschland noch vibrierte. Wenn der Bundeswahlleiter den Termin für den Wahltag bekannt gab, trugen sich viele das Datum mit roter Farbe in den Kalender ein. Wählen gehen! Das war der Imperativ unserer Zeit. Wir wurden Stammwähler, Wechselwähler, Protestwähler.

Doch die Grundlage für den Wählen-gehen-Reflex ist fraglich geworden. Die Zweifel beginnen schon beim Wort selber. Die kommende Wahl ist bei Lichte besehen eher ein Lotteriespiel als eine Wahl.

Der Wähler wirft brav sein Los in die große Trommel, die Parteien ziehen sich dann eine Koalitionsregierung heraus. Die Machtfrage beantworten sie untereinander, und nie zuvor waren ihre Kombinationsmöglichkeiten so vielfältig wie diesmal.

Es gibt keine vorher absehbare Lagerbildung, keinerlei Absprache oder Wahlaussage, auf die zu vertrauen lohnt. Das Volk kann mit einfacher Mehrheit Angela Merkel wählen – und der Kanzler heißt Frank-Walter Steinmeier. Es muss der SPD nur gelingen, die größere Zahl von Koalitionspartnern für sich zu gewinnen.

Das Volk kann mit deutlicher Mehrheit für den Mann der Sozialdemokratie votieren – und Merkel und Westerwelle ziehen ins Kabinett ein.

Die Deutschen können sich zu 90 Prozent gegen die Linkspartei entscheiden, und schon wenige Wochen später sitzt die Partei von Gregor Gysi und Oskar Lafontaine fröhlich lachend am Kabinettstisch.

Es kann sein, dass die überwiegende Mehrheit die Große Koalition nach den gemachten Erfahrungen ablehnt – und sie dennoch nahtlos weiterregiert. Die Legitimation kommt, das wird erst am Tag nach der Wahl für alle deutlich, nicht vom Bürger, sondern von den Gremien der Parteien. Sie haben das letzte Wort.

Die Parteien verheimlichen uns nicht im Geringsten, dass nicht der Wähler entscheidet. Sie sagen unverblümt, dass sie »offen sein müssen«, dass sie »flexibel« sein wollen, dass sie jetzt »keine Option verschenken« wollen. Selbst die wenigen Festlegungen, die vorher getroffen werden, sind null und nichtig, wenn das große Nachwahlpokern beginnt. Der geübte Wähler weiß es längst: Am Tag danach wollen die Spieler freie Hand haben. Das Volk hat ihnen zwar die Tür zum Spielsaal geöffnet. An den Spieltischen aber nehmen ausschließlich die Parteien Platz.

Weiterhin heißt es Wahltag und der Bundeswahlleiter trägt offiziell die Verantwortung für die Durchführung des Spektakels. Ehrlicher wäre es, wir würden den Vorgang in die Hände der Deutschen Klassenlotterie legen. Da sitzen die eigentlichen Experten für das Geschäft mit dem Zufall.

Hinzu kommt, dass Wahl eigentlich Auswahl voraussetzt. Doch die gibt es schon länger nicht mehr. Ist der Wahlkampfrummel vorbei, tragen die Kanzlerparteien SPD und CDU schon am nächsten Tag wieder grau. Der kleine Unterschied wird zu Grabe getragen. Man duzt sich jetzt wieder im Regierungsviertel: ein Prosit der Gemeinsamkeit.

Die großen Parteien sind sich mittlerweile derart ähnlich, dass sie ohnehin am liebsten miteinander koalieren, als gegeneinander zu konkurrieren. Die Große Koalition ist auf dem Weg von der bundesdeutschen Ausnahme zur Regel. Es gab allein seit Gründung der Republik bis 2007 252 Regierungsbildungen auf Bundes- und Landesebene. Die häufigste Kombination war eine SPD-geführte Regierung plus kleinerer Partner, in 65 von 252 Fällen. Die zweithäufigste Kombination aber lautete: CDU und SPD regieren zusammen. So war es in 52 von 252 Fällen, also bei einem Fünftel der Regierungsbildungen.

Interessant ist auch die zeitliche Verteilung dieser Großen Koalitionen, die Melanie Haas von der Freien Universität Berlin untersucht hat. Danach fand die Hälfte der Großen Koalitionen in den frühen Jahren der Republik statt, als die Demokratie noch jung und damit wenig gefestigt war. In den 70er- und 80er-Jahren, der Blütezeit der deutschen Demokratie, gab es praktisch keine Großen Koalitionen. Erst in den 90er-Jahren kam sie – parallel zur Schwächung der Volksparteien und dem Aufkommen der kleinen Parteien – wieder in Mode.

Eine Fortsetzung der Großen Koalition auch in Berlin ist keineswegs ausgeschlossen. Der Wahlvorgang im Herbst dieses Jahres hätte dann das geleistet, was im Automobil die Taste »Innenraumbelüftung« auch leistet. Es kommt zur Luftzirkulation, ohne dass ein Luftaustausch stattfindet.

Viele glauben trotz alledem, es sei ihre Pflicht zu wählen. Dies würde der Demokratie förderlich sein. Es würde die Parteien erfrischen.

Das Gegenteil ist heute richtig. Durch ihre Wiederwahl, auch wenn sich die Parteien nichts sehnlicher wünschen, tun wir ihnen keinen Gefallen. Sie sind am Ende ihrer Möglichkeiten angelangt. Wir verlangen das Unmögliche von unseren Parteien, wenn wir dauernd rufen: Erneuert euch, seid lebendig und modern. Die Hoffnung, die wir in sie investieren, kann sich nicht verzinsen.

Mit dem gleichen Recht könnten wir auch unsere Großmutter ermuntern: Tanze, springe, sei wieder das junge Mädchen, das du mal warst. Sie würde ja gern. Aber sie kann nicht. Der Unterschied zwischen der Großmutter und dem Vorstand einer beliebigen Partei ist der: Sie weiß es. Sie kennt ihre Grenzen. Das macht die alten Menschen so liebenswert und würdevoll.

Die Parteien wirken dagegen bockbeinig. Ihre Einsichtsfähigkeit ist weit geringer ausgeprägt. Sie können aus dem Schatten, den sie selber werfen, nicht heraustreten. Das Problem der Parteien ist dabei nicht das Wollen. Es ist das Können. Sie sind strukturell erschöpft. Ihnen fehlen die körperlichen und geistigen Voraussetzungen, um Deutschland im 21. Jahrhundert führen zu können.

So wie der Feudalstaat schließlich an sich selbst

zugrunde ging, so wie der Adel degenerierte, geschwächt durch Inzucht, Arroganz und Erbfolgekriege, so befinden sich auch die politischen Parteien im Niedergang. Ihre Mitgliedschaft schrumpft und altert, ihre geistigen Feuer sind erloschen, ihre Ortsvereinskultur isoliert sie von den Bürgern dieser Gesellschaft. Wir erleben den Zerfall eines Herrschaftssystems, der auch dann ein Zerfall bleibt, wenn er sich in Zeitlupe abspielt und von den Betroffenen bestritten wird.

Die heutigen Parteien haben schon die Mathematik gegen sich: Wenn der Mitgliederschwund im selben Tempo weitergeht wie in den vergangenen 20 Jahren, werden CDU und SPD in naher Zukunft das letzte Mitglied verloren haben. Auch die Legitimation durch die Wähler schrumpft mit beeindruckendem Tempo. Von 61,9 Millionen Wahlberechtigten gaben bei der Bundestagswahl 2005 nur knapp 17 Millionen, das heißt 27,3 Prozent der Wahlberechtigten, der Union ihre Stimme. Das ist die geringste Zustimmung, die je ein Bundeskanzler erfuhr. In den Ländern sieht es noch dramatischer aus. Baden-Württembergs Ministerpräsident Günther Oettinger stützt seine Macht auf eine Zustimmung von nur 23 Prozent der Wahlberechtigten. In Berlin wurde Klaus Wowereit Regierender Bürgermeister, obwohl die SPD keine 18 Prozent der Wahlberechtigten von ihrem Spitzenkandidaten überzeugen konnte.

Erinnern wir uns: Die SPD wurde geboren, als in Deutschland noch die Postkutsche fuhr. CDU und SPD erlebten ihre große Zeit, als man abends in den

Schwarz-Weiß-Fernseher schaute und zur Ferienzeit der VW-Käfer in einer endlosen Blechlawine über die Straßen rollte. Die Helden der damaligen Zeit hießen Romy Schneider und Peter Kraus.

Kraus ist ein singender Rentner, Romy Schneider ist tot, und der VW-Käfer steht im Museum für Automobilgeschichte. Nur unsere Parteien haben sich weitgehend unverändert durch die Zeitläufe gerettet. Die Kommunistische Partei Chinas, die sich von Mao lossagte und ihren Frieden mit dem Kapitalismus schloss, hat sich seit den 70er-Jahren des vergangenen Jahrhunderts stärker verändert als die deutschen Volksparteien.

Alle Versuche von CDU, CSU und SPD, mit Internetforen und Schnuppermitgliedschaften das Volk für sich zu interessieren, sind nicht Ausdruck ihrer Vitalität, sondern Ausweis ihrer Hilflosigkeit. Volk und Parteien haben sich nicht viel zu sagen. Man schweigt aneinander vorbei.

Der Philosoph Karl Popper könnte am besten erklären warum. Er hat, in der Absicht, uns das Verstehen der Welt leicht zu machen, die Wirklichkeit in drei Welten eingeteilt. Welt Nummer 1 ist die materielle Welt, die des Seins. Sie wird bevölkert von Autos, Kühlschränken, Computern. Welt Nummer 2 ist die Welt unserer Erlebnisse und Gefühle, hier sind wir Kollege, Freund und Ehepartner. In dieser Welt wird geweint und gelacht. Welt Nummer 3 ist die Welt des Geistes, in der Bücher geschrieben, Brücken geplant, Computer erfunden und gesellschaftliche Probleme verstanden und im Geiste gelöst werden. Es ist die

Welt unserer Erfindungen, das Reich des Möglichen, die Sphäre des Großartigen.

Vereinfacht kann man sagen: Das Flugzeug gehört zur Welt 1, das Fliegen findet in Welt 2 statt, aber die Erfindung des Flugzeugs haben wir dem Nachdenken in Welt 3 zu verdanken. Alle drei Welten sind miteinander verbunden. Poppers Philosophie handelt von der ständigen Rückkopplung zwischen ihnen. Das ist für ihn die Voraussetzung von Fortschritt, er spricht von »Erkundungsfahrten auf der Suche nach einer besseren Welt«.

In der politischen Wirklichkeit aber wurden die Verbindungsstücke zwischen den Welten vor einiger Zeit gekappt. Vor allem Welt 3, die Welt der Ideen und Sehnsüchte, wird von der Politik kaum noch bewohnt. Man hat sich – wie früher die Menschen in einem zugigen, ausgekühlten Altbau – in das untere Stockwerk zurückgezogen. Man kümmert sich weiter um das Materielle – Wohngeld, Arbeitslosengeld, Sterbegeld, Pendlerpauschale, Steuervorteile hier und da –, man regiert vor sich hin, man erregt sich über dieses und jenes, aber Welt 3 wirkt wie ausgestorben.

Es gibt keine Erkundungsfahrten mehr zwischen den Stockwerken. Die Suche nach der besseren Welt ist praktisch eingestellt. Die politische Sehnsucht verstirbt, das Über-den-Tag-hinaus-Denken, von dem Brandt oft sprach, findet kaum mehr statt. Pragmatismus ohne Prinzipien – so lässt sich das politische Leben in Welt 1 und Welt 2 beschreiben. Es ist ein langes, eintöniges Leben, das da gelebt wird. Kein Gedankenblitz erhellt die Szenerie. Man klammert sich an das, was man hat. Auch deshalb dürfen der demokratische Sozialismus bei der SPD und das christliche Menschenbild bei der CDU nicht aus dem Programm verschwinden. Es gibt nichts Neues, was an die Stelle der erkalteten Ideen treten könnte.

Es gibt weiterhin eine Regierung und eine Opposition. Das Programm der einen lautet: Dranbleiben. Das Programm der anderen heißt: Drankommen.

Die Bürger haben nur am Wahltag die Möglichkeit, den Parteien etwas zuzurufen. »In der Demokratie«, so der Göttinger Staatsrechtslehrer Christoph Möllers, »ist es nicht nur möglich, es ist geboten, Orientierungen umzukehren, sich zu korrigieren, Dinge anders zu machen als zuvor.« Der Wahlakt stehe auch für »die Möglichkeit eines Bruchs«.

Bei keiner Wahl wäre die Gelegenheit so günstig, den Parteien eine Gesprächsaufforderung zu übermitteln, ohne persönlich werden zu müssen. CDU und SPD können es auf sich, aber keiner kann es auf sich allein beziehen. Beide haben regiert, keiner schlechter als der andere, aber es ragte auch keiner hinaus. Die Grundsatzprobleme des Landes haben beide ignoriert.

Es geht nicht darum, am Wahltag die führenden Köpfe der Großen Koalition abzustrafen. Sie haben im Rahmen ihrer Möglichkeiten regiert. Es geht um den Rahmen der Möglichkeiten. Der Rahmen ist in die Jahre gekommen, und die Möglichkeiten, die er hervorbringt, sind unbefriedigend. Wenn das Gespräch darüber nicht jetzt stattfindet, wird es womöglich nie stattfinden. Oder unter deutlich verschlechterten Bedingungen.

Demokratie erneuern

Natürlich werden die Parteien murren, schimpfen, fluchen und jeden bekennenden Nichtwähler einen Verräter nennen. Den Politikern schießt das Blut in den Kopf, wenn sie nur daran denken. Mit dem Satz »Poesie kann nur durch Poesie kritisiert werden« versuchte schon der Philosoph Friedrich Schlegel, sich die Kritiker vom Leib zu halten. »Politik kann nur durch Politiker kritisiert werden«, davon sind auch die Spitzenkräfte der Politik überzeugt.

Diese Grundhaltung ist unangemessen. Was die Literaturkritik für sich beansprucht, steht auch jedem Bürger zu. »Klarheit ist die Höflichkeit des Kritikers«, hat Marcel Reich-Ranicki einst gesagt.

Die Kanzlerin und ihren Herausforderer wird das nicht beeindrucken. Sie werden die Wahlenthaltung mit scharfen Worten ablehnen. Das müssen sie auch. Ihr Ziel ist es, die Wahlbeteiligung hoch und ihren persönlichen Anteil an den eingefahrenen Stimmen groß ausfallen zu lassen. Spitzenpolitiker sind verpflichtet, am Wahltag »Beute zu machen«, wie CSU-Politiker Michael Glos sich ausdrückt.

Der Nichtwähler aber will nicht zur Beute werden. Er besitzt ein ehrgeiziges Wahlziel, selbst wenn es nirgends geschrieben steht. Dieses Wahlziel wird von den

Gesetzen der politischen Schwerkraft diktiert. Die Nichtwähler müssen, wenn sie eine nachhaltige, das Parteiensystem verändernde Wirkung erzielen wollen, am Wahlabend die stärkste Partei werden. Bei der Bundestagswahl 2005 lagen die Nichtwähler (13,8 Millionen Bürger) noch hinter der Union (16,6 Millionen Bürger) und der SPD, die mit Kanzler Schröder an der Spitze 16,2 Millionen Bürger von sich überzeugen konnte.

Einen Verweis von CDU, CSU und SPD auf die hinteren Plätze können die Kanzlerin und ihr Herausforderer nur schwerlich als Kompliment verstehen. Ein solches Ergebnis erzeugt den größtmöglichen Reformdruck. Einem Weiter-so des Parteienstaats wäre die politisch-moralische Grundlage entzogen. Das politische Deutschland würde für einen Wimpernschlag stillstehen.

Beide Seiten müssen dann tapfer sein. Die Parteien wären gut beraten, die massenhafte Wahlenthaltung als Gesprächsaufforderung und nicht als aggressiven Akt gegen sich zu verstehen. Sie müssen für sich die eine zentrale Erkenntnis annehmen: Die Nichtwähler wollen die Demokratie erneuern, nicht abstreifen. Auch deshalb könnten sie sich am Wahlabend nicht den leisesten Triumph leisten. Dafür ist die Sache zu ernst. Denn beides ist richtig: Der in sich geschlossene Parteienstaat ist zu schwach, Deutschland zu führen. Aber er ist stark genug, um die Einmischung von Dritten abzuwehren.

Zur Überwindung der Erstarrung in Deutschland

braucht man die Erstarrten selbst. Es gibt keine Reform der Parteien ohne die Parteien. Sie müssen sich bewegen und ihre Alleinherrschaft beenden helfen. Die Wahlenthaltung, das »Nichtwählen«, dient keinem anderen Zweck, als diese Bewegung zu beschleunigen.

Auch dann ist die Reform des politischen Systems keine Sache, die sich binnen Wochenfrist bewerkstelligen lässt. Es ist das dickste Brett von allen, das derzeit zu bohren ist. Hier einige Vorschläge:

1. Der Abschied vom Listen-Abgeordneten

Der Ist-Zustand: Jeder zweite Bundestagsabgeordnete hat seinen Wahlkreis an einen Gegenkandidaten verloren und ist lediglich über die Parteiliste in den Bundestag gerutscht. Das widerspricht schon dem heutigen Grundsatz, wonach der Abgeordnete des Bundestags »in allgemeiner, unmittelbarer, freier, gleicher und geheimer Wahl gewählt« werden und »Vertreter des ganzen Volkes« sein soll. Der Parteienvertreter auf der Parteienliste ist kein Vertreter des Volkes, sondern Vertreter seiner Partei. Dieses Verfahren ist undemokratisch. Die Parteisoldaten in Zivil gehören abgeschafft.

Das Mehrheitswahlrecht drückt den Volkswillen besser aus als alle anderen Wahlrechtssysteme. Es bringt vitale Politiker hervor, wie wir in Amerika, in England, in Frankreich und bei der einen, der direkt gewählten Hälfte des deutschen Bundestags sehen können. Warum sollten Politiker von Liberalen, Linken und Grünen keine Mehrheit gewinnen können?

Sie können es wie Hans-Christian Ströbele von den Grünen, Gregor Gysi von der Linkspartei und die britischen Liberalen beweisen. Das deutsche Verhältniswahlrecht, das für die Besetzung der anderen Hälfte des Bundestags zuständig ist, liefert nur die Freifahrtscheine für die grauen Gesellen der Parteipolitik. Entstanden ist es aus Furcht vor Populisten. Diese Furcht ist heute unbegründet.

Die Ergebnisse des deutschen Wahlsystems sind oft absurd. In Bayern gewann die SPD 2005 nur einen einzigen Wahlkreis – und zog mit 23 Listen-Abgeordneten in den Bundestag ein. In Sachsen-Anhalt gewann die SPD alle Wahlkreise – doch von den 23 Bundestagsabgeordneten, die dieses Land stellt, gehören 13 den anderen Parteien an. CDU, Liberale, Linke und Grüne sichern sich über die Listen eine Mehrheit der Mandate, obwohl sie vom Volk selbst kein einziges verliehen bekamen.

2. Das Leistungsprinzip für Abgeordnete

Das Ziel von Wahlen muss es sein, eine hohe Wahlbeteiligung zu erreichen. Wird diese nicht erzielt, liegt eine Störung vor. Diese Störung darf nicht – wie heute üblich – vertuscht werden, indem die Parteien trotz hoher Wahlenthaltung 100 Prozent aller Parlamentssitze mit Gefolgsleuten besetzen. In der Weimarer Republik wurden die Parlamentssitze entsprechend der Wahlbeteiligung besetzt – oder eben nicht besetzt. Bei geschrumpfter Wahlbeteiligung schmolz auch die Zahl der Parlamentssitze dahin. Ein Abgeordneter stand für 60 000 Wähler. Stieg die Wahlbeteiligung, stieg die Zahl der Mandatsträger proportional. Diese Regelung bedeutete die Gültigkeit des Leistungsprinzips für Abgeordnete – und wurde von den Parteien entsprechend gering geschätzt. Sie entfiel bei Gründung der Bundesrepublik zugunsten einer 100-prozentigen Verfügungsmacht der Parteien.

Es wäre sinnvoll, dieses Leistungsprinzip wieder einzuführen. Bei sinkender Wahlbeteiligung sinken die Mandate der Parteien mit. Das bietet Ansporn und soll Ermahnung sein. Wahlenthaltung darf nicht als Zustimmung gewertet werden. Das verfälscht den Wählerwillen. Der roten Kontrollleuchte im Kraftwerk wird, wenn sie blinkt, auch nicht der Strom abgeknipst.

3. Der Bürger-Präsident

Die Rolle des Staatsoberhauptes müsste im Rahmen der demokratischen Erneuerung aufgewertet werden. Das Volk will keinen Ersatzkaiser, aber es will sich in seinem Präsidenten selbst anschauen können. Es gibt keinen vernünftigen Grund, dem Amt des Bundespräsidenten die Direktwahl durch das Volk zu verweigern.

Auch heute werden erfolgreiche Präsidenten wie Johannes Rau oder Horst Köhler als Bürgerpräsidenten bezeichnet. Aber dieses Etikett gebührt ihnen streng genommen nicht. Es wird von den Medien verliehen, nicht von den Bürgern. Rau war der von Schröder gemachte Präsident, so wie Köhler seinen Einzug ins Schloss Bellevue der eigenen Lebensleistung und dem Verhandlungsgeschick der CDU-Chefin verdankte. Eine Verfassungsreform müsste das Amt des Präsidenten von dieser Abhängigkeit befreien.

Ein frei gewählter Bürgerpräsident ist noch immer keine Gegenmacht zu Regierung und Bundestag, aber er besitzt eine gewichtige und demokratisch legitimierte Stimme. Da der Präsident auf keine Parlamentsmehrheit angewiesen ist, könnten erstmals auch parteipolitisch unabhängige Kandidaten zur Präsidentenwahl antreten. Das Kräftespiel in Deutschland verändert sich: Die Bürgergesellschaft gewinnt an Einfluss, der Parteienstaat verliert seine wertvollste Trophäe.

4. Neustart durch Verfassungsreform

Eine Verfassungsreform könnte das Fundament für einen demokratischen Neuanfang schaffen. Die Arbeit der Grundgesetzväter würde nicht verworfen, sondern weiterentwickelt. Alle großartigen Bauteile ihrer Verfassung blieben erhalten, die Gewaltenteilung, der Grundrechtekatalog, die Presse- und Meinungsfreiheit, aber auch die Idee des deutschen Föderalismus. Die Dominanz der politischen Parteien gegenüber allen anderen Institutionen des Landes aber wäre zu beenden.

Die politischen Parteien, die in der Weimarer Verfassung keinerlei Erwähnung fanden und im bundesdeutschen Grundgesetz plötzlich den Rang von Verfassungsorganen erhielten, blieben weiterhin eine das Land prägende Kraft, aber nicht länger die alleinige. Ihre Einwirkungsmöglichkeiten würden ihren tatsächlichen Kräften angepasst, was beiden gut bekäme, dem Land und den Parteien selbst.

Diese Reform beträfe die Parteienfinanzierung, die innere Demokratie der Parteien, die politischen Stiftungen, den Bundespräsidenten und das Wahlrecht.

5. Parteienstaat a. D.

Die Parteibuchwirtschaft bei der Besetzung ausnahmslos aller staatlichen Positionen sollte nicht länger toleriert werden. Sie führt zu einer Negativauslese. Es ist nicht einzusehen, warum der Leiter einer staatlichen Musikschule, der Staatsanwalt und der Polizeichef einer Stadt Parteigänger der einen oder anderen Gruppierung sein müssen. Der Musikdirektor sollte etwas von Musik verstehen, der Staatsanwalt als Jurist einen Namen besitzen, der Polizeichef sich mit Verbrecherjagd auskennen. Sie sollten Noten, das Strafgesetzbuch und eine Pistole mit sich tragen, aber nicht das Parteiabzeichen. Das Grundsatzprogramm von CDU und SPD muss keiner der drei kennen.

Die sachkundigen Bürger ohne Parteibuch, heute von den Parteien gern als »unpolitisch« bezeichnet, sind eine wertvolle Personalressource für das Land. Sie sollten stärker als bisher Verantwortung übernehmen dürfen. Deutschland muss dringend entfilzt werden. Eine Verfassungsreform müsste nach Wegen suchen, zum Beispiel über unabhängige Schiedskommissionen, die Personalpolitik im öffentlichen Dienst und bei den öffentlich-rechtlichen Körperschaften kritisch zu begleiten. Das Ziel: Chancengleichheit für Unabhängige.

6. Keine verborgene Vorwahl mehr

Die »innerparteiliche Demokratie« der Parteien, obwohl bereits in Grundgesetz-Artikel 21 gefordert, ist nie Verfassungswirklichkeit geworden. Heute ist es so: Die Kandidatenaufstellung findet im Hinterzimmer statt. Die einfachen Parteitagsdelegierten treffen sich anschließend zu sogenannten Wahlparteitagen, wo man die wählt, die schon gewählt sind. Diese »verborgene Vorwahl« (Karl Jaspers), wie sie in allen Parteien mittlerweile üblich ist, gehört untersagt. Sie ist undemokratisch.

An die Stelle der bisherigen Listenaufstellung in Kungelrunden müsste ein für alle transparentes Aufstellungsverfahren treten, das Mitglieder und Nichtmitglieder einbezieht. In Amerika nahmen allein an der Kandidatenaufstellung für die Präsidentschaftswahlen 2008 bis 60 Millionen Menschen teil, Parteimitglieder und Sympathisanten.

Personalabsprachen kleiner Parteizirkel haben in einem offenen Verfahren keinen Bestand, wie die Wahl von Barack Obama und die Nichtwahl von Hillary Clinton zeigten. Bei allen bekannten Schwächen der amerikanischen Demokratie: Diese öffentlichen Vorwahlen, die auch der Wahl zum Kongressabgeordneten, Gouverneur, Senator und Bürgermeister vorausgehen, besitzen Vorbildcharakter. Die überzeugendere Persönlichkeit setzt sich in der Regel durch. Das deutsche Kungelprinzip prämiert dagegen den Strippenzieher.

7. Das Volk befragen

Nahezu alle entwickelten Demokratien kennen das Recht auf Volksabstimmungen in Einzelfragen. Auch Deutschland ist reif dafür. Von unserem Nachbarn Schweiz kann man lernen, wie eine direkte Demokratie funktioniert. Die Bürger stimmen nicht nur über jene Fragen ab, die ihnen vom Parlament vorgelegt werden. Sie besitzen selbst das Initiativrecht für Gesetzesänderungen und Verfassungszusätze. Der Bürger kontrolliert das Parlament und nicht umgekehrt.

In der Schweiz herrschen deshalb nicht Anarchie, Isolation und Mittelalter, sondern im Gegenteil: Ordnung, Weltoffenheit und ein Wohlstand, der den deutschen im Pro-Kopf-Vergleich übertrifft.

Die von Helmut Schmidt und anderen vorgebrachten Argumente gegen die Direktbefragung des Volkes – Deutschland würde dann nicht zu Europa gehören und kein Nato-Mitglied sein – sind nicht stichhaltig. Sie unterstellen ein Abstimmungsverhalten, das es in der Wirklichkeit nie gegeben hat. Jedem Votum geht eine öffentliche Debatte voraus. Debatte und Abstimmung zwingen – anders als eine Telefonumfrage im Auftrag von RTL – den Bürger zur Verantwortlichkeit.

Das deutsche Volk muss 60 Jahre nach Kriegsende nicht vor sich selbst geschützt werden. Die Unterstellung, die Bürger würden sich im Innern selbst schädigen und im Äußeren isolieren, ist ehrabschneidend.

Die ständige Kompetenzverlagerung von Berlin nach Europa dagegen besorgt die Bürger zu Recht. Das Europa der Bürokraten muss diskutiert und durch

Volksabstimmung seine Legitimation unter Beweis stellen. Nur so wird das demokratische Europa, das in Politikerreden gern beschworen wird, Wirklichkeit. Europa als heimliches Projekt der Eliten wird ohnehin keinen Bestand haben.

Die erste Volksbefragung müsste sich allerdings auf die überarbeitete deutsche Verfassung beziehen. Diese würde dem gesamten Wahlvolk zur Abstimmung vorgelegt. Mit ihrer Annahme vollendete sich der Auftrag des Grundgesetzes. Laut seiner Präambel war das von den Kriegssiegern in Auftrag gegebene und in Kraft gesetzte Werk nur bestimmt, »dem staatlichen Leben für eine Übergangszeit eine neue Ordnung zu geben«. Diese Übergangszeit ist 60 Jahre nach Staatsgründung und 20 Jahre nach der Wiedervereinigung abgelaufen.

Deutschland ist ein Land mit reicher Kultur, lebensfrohen Menschen, erfolgreichen Firmen, aber einem nach 60 Nachkriegsjahren verschlissenen Parteiensystem. Diese Verschleißerscheinungen sind Vorboten eines späteren Scheiterns. Davon geht eine Gefahr für das Ganze aus. Deutschland hat die Kraft, dieser Gefahr zu begegnen.

Der Wahltag bietet eine Gelegenheit, mit der demokratischen Erneuerung des Landes zu beginnen. Die Bürger haben die Chance, ihre eigene Unabhängigkeitserklärung abzugeben. Die Nichtteilnahme wird zur Teilnahme, Unmut zu Mut, Stillstand schafft Bewegung, das Schweigen wird plötzlich laut. Die Verhältnisse selbst sind so, dass sie zur Veränderung aufrufen.

Das dann zu führende Gespräch zwischen Parteien und Bürgern wird, wenn es Erfolg haben soll, das Leben aller verändern. Die Bürger müssen zupacken, die Parteien müssen loslassen. Der Einzelne muss Verantwortung übernehmen, wo die Parteien Teile ihrer bisherigen Macht abgeben. Die Bürgergesellschaft kommt, wenn der heutige Parteienstaat vergeht.

Auf unsere Väter, die romantischen Demokraten der 60er- und 70er-Jahre, können wir diesmal nicht bauen. Sie haben die bis dahin graue und formlose Nachkriegsdemokratie zum Erblühen gebracht. Das war ihr Lebenswerk. Heute sind sie dabei, sich zu verabschieden. Viele teilen sich bereits mit Willy Brandt eine Wolke.

Diesmal ist es an uns, die erschlaffte Demokratie zu beleben. Die Zukunft wird nicht so sein, wie wir sie uns wünschen, wenn wir sie nicht dazu machen. Heute müssen wir unseren Kindern romantische Demokraten sein.

WÄHLEN ODER NICHTWÄHLEN

Die Debatte zum Buch

In seiner ersten Ausgabe unter dem Titel »Die Macht-frage« haben die Thesen dieses Buches eine intensive Debatte ausgelöst. An ihr haben sich Politiker und Publizisten genauso beteiligt wie viele Bürger. Sie haben teils positiv, teils ablehnend reagiert, haben andere Vorschläge zur Demokratie-Reform gemacht oder meine weiterentwickelt. Ich danke allen, die sich so lebhaft beteiligt haben. Eine weitere Auswahl von Stimmen findet sich auf dem zu diesem Buch eingerichteten Internetportal www.demokratie-erneuern.de.

Nicht alles, was hier gesagt wird, kann mich freuen oder meine Zustimmung finden, das liegt in der Natur der Sache. Aber dass es diese Debatte gibt, das freut mich: Sie ist das Ziel dieses Buches.

INSPIRIERT Dieses Buch hat mich inspiriert. Die Debatte muss geführt werden. Ich empfehle nicht das Nichtwählen, aber ich empfehle dieses Buch.

Karl-Theodor Freiherr zu Guttenberg,
Bundeswirtschaftsminister

MAN MUSS STREITEN Das Recht, nicht zu wählen, hat man. Aber aus der Verantwortung kommt man nicht raus. In der Menschheitsgeschichte gibt es zwei ganz große Fortschritte: Das ist die organisierte Solidarität, sprich der Sozialstaat. Und das ist die Demokratie, die ausgeht von der Gleichwertigkeit aller Menschen. Das sind zwei hohe Güter, die nicht gesichert sind. Man muss dafür streiten!

Franz Müntefering, SPD-Vorsitzender

PROBLEM MÜNTE Demokratie-Defizit: Müntefering ist Teil des Problems.

Petra Pau, Bundestagsabgeordnete, Die Linke

DEMOKRATIE IST LANGSAM Die Gruppe der Nichtwähler wird in vielen Demokratien immer größer. Das hat etwas mit den dramatischen Veränderungen auch durch die Globalisierung zu tun, die eine große Zukunftsunsicherheit erzeugen. Das wiederum erzeugt Ungeduld gegenüber der Politik, die durch das eilige Massenmedium Fernsehen noch bestärkt wird. Demgegenüber kann Politik nicht schnell genug reagieren. Demokratie ist unweigerlich langsam.

Wolfgang Thierse, Bundestags-Vizepräsident

STRAFE FÜR NICHTWÄHLER Wir Politiker müssen im Parlament abstimmen – das kann man auch von den Wählern bei einer Wahl verlangen. Wer nicht zur Wahl geht, sollte 50 Euro Strafe zahlen.

Jörn Thießen, SPD-Bundestagsabgeordneter

UNSINN Das ist Unsinn. Das verträgt sich nicht mit einer parlamentarischen Demokratie.

Klaas Hübner, SPD-Fraktionsvize

WAHLBETEILIGUNG AN MEHRWERTSTEUER KOPPELN Aus den Reihen der SPD kommt der Vorschlag, jede nicht abgegebene Stimme »zur Strafe« den Sozialdemokraten anzurechnen: Dann wollen wir doch mal sehen, wie das Volk an die Urnen strömt! Eine Idee, die auch von fast allen anderen Parteien unterstützt wird. Bei den Liberalen denkt man zusätzlich darüber nach, die Wahlbeteiligung an die Mehrwertsteuer zu koppeln. Ein Sprecher der Linken hingegen schlug vor, »bei Bürgern, die bis 17.00 Uhr nicht gewählt haben, mit der Wahlurne zu Hause vorbeizugehen, das hat in der, ähm, Vergangenheit auch recht gut funktioniert!

Spiegel Online SPAM (Satire)

ANGSTGEGNER NICHTWÄHLER Während Union und SPD ihre ersten Slogans und Plakate für den Wahlkampf präsentieren, formiert sich im Internet eine Gruppe, die alle Parteien gleichermaßen fürchten: die Nichtwähler.

Handelsblatt

DAS FUNDAMENT DER GESELLSCHAFT WÄHLT NICHT MEHR
Die Nichtwähler Anfang der Neunzigerjahre sind die Wähler der Achtziger: Die überwiegende Mehrheit definiert der Wahlforscher Kleinhenz als Bürger der Mitte: »Das Fundament der Gesellschaft wählt nicht mehr.«

Bisher galt die Annahme: Je geringer die Bildung, je

schlechter die berufliche Stellung, je weniger Geld in der Kasse, desto eher wird auf die Stimmabgabe verzichtet. Das stimmt so nicht mehr.

Focus

WAHLENTHALTUNG NICHT HARMLOS Die zunehmende Wahlenthaltung ist nicht so harmlos, als dass man sich gar keine Gedanken machen müsste. Untersuchungen belegen, dass die Nichtwähler keinesfalls die Ungebildeten und Unpolitischen sind, denen die Gesellschaft gleichgültig ist. »Die meisten Nichtwähler sind sozial und politisch Bürger der Mitte«, sagt der Mainzer Politologe Thomas Kleinhenz.

Steingart plädiert für die Einführung des Mehrheitswahlrechts. Eine solche Umstellung des Systems ist blanke Utopie. Aber er hat recht, wenn er den Blick darauf lenkt, dass heute jeder zweite Abgeordnete einen Sitz im Bundestag einnimmt, obwohl er in seinem Wahlkreis verloren hat. Listenplätze sind gut für Parteifunktionäre, nicht für Volksvertreter.

Auch könnte man die Parteien ihren gemeinsamen Misserfolg deutlicher spüren lassen, indem die Zahl der Parlamentssitze je nach Wahlbeteiligung schrumpft oder wächst. Dadurch gäbe es einen Anreiz herauszufinden, was die Nichtwähler wollen.

Für die Mehrzahl der heutigen Parlamentarier brächten solche Reformen jedoch nur Nachteile. Die Chancen, dass sich im gewohnten Trott des Parteienstaats etwas ändert, sind daher denkbar gering. Nichtwähler bleiben ein Nicht-Thema. Außer es werden noch mehr – oder eine neue Partei holt sie ab.

Michael Miersch, *Die Welt*

VORSICHT, FREI LAUFENDE WÄHLER Nee, tauschen möchte man in diesen Wochen mit den verantwortlichen Politikern nicht wirklich gern. Sie haben Garantien für die Sparer und die Banken abgeliefert, dabei – zumindest auf dem Papier – Milliarden in die Wirtschaft gepumpt, ohne zu wissen, ob das wirkt – und müssen jetzt entscheiden, ob sie für die Arbeitsplätze bei Opel oder Schaeffler noch mal tief in die Taschen der Steuerzahler greifen dürfen oder sollten.

Viele haben dabei bisherige Prinzipien über Bord geworfen – schweren Herzens, denn prinzipienlose Gesellen sind sie keineswegs, trotz vieler berechtigter Kritik.

Die Herzen der Wähler haben sie dabei nicht gewonnen. Die SPD, die Partei des dynamischen Finanzministers, dümpelt immer noch um die 25 Prozent herum – und die Bundeskanzlerin sieht sich heftiger parteiinterner Kritik ausgesetzt, weil auch die Union an Zustimmung verliert und weil Angela Merkel, ein halbes Jahr vor den Bundestagswahlen, bitte schön mehr Parteichefin und weniger Kanzlerin sein solle. Bisherige Außenseiter wittern Morgenluft. Die Freien Wähler, die in Bayern einen beachtlichen Erfolg erzielt haben, stellen sich jetzt auch zur Europawahl.

Man kann das Entstehen und Erstarken neuer, kleiner Parteien als zwangsläufige Folge der Großen Koalition erklären. Dann könnte es sein, dass die etablierten Parteien nach deren Ende wieder ihre alte Bindungskraft zurückgewinnen. Man kann aber auch, wie das zum Beispiel der Autor Gabor Steingart jetzt wieder tut, eine »Erschlaffung« der traditionellen Parteien diagnostizieren und eine »Erstarrung« unseres demokratischen Systems. Er rät deshalb in seinem Buch »Machtfrage« zum bewussten Nichtwählen.

Ob Pauli oder Steingart: Es geht wieder einmal darum, »den Parteien« einen Denkzettel zu verpassen. Das ist dann sinnvoll, wenn man meint, die Parteipolitiker hätten immer noch ein Erkenntnisproblem. Kann man das ernsthaft annehmen? In den vergangenen 15 Jahren hat sich die Zahl der Nichtwähler verdoppelt, die beiden Volksparteien haben fast die Hälfte ihrer Mitglieder verloren, und nur noch vier Prozent der Bevölkerung sind überhaupt bereit, sich in Parteien zu engagieren. Wie viele Denkzettel braucht es da noch?

Maybrit Illner, ZDF-Talkmasterin

OFFENER BRIEF AN ANNE WILL Liebe Frau Anne Will, der letzte Sonntag vor der Bundestagswahl gebührt nicht den Politikern – die hatten ihren Wahlkampf –, er gebührt der größten Wählergruppe in diesem Land – den Nichtwählern.

Falls Sie den Mut aufbringen und Ihr Intendant Sie lässt, sollten Sie an diesem Abend Demokratie wagen.

Die Gesprächspartner werden bunt gemischt sein: der türkische Gemüsehändler, der das Ganze nicht versteht, die Harz-IV-Empfängerin, die von denen da oben tief enttäuscht ist, der Rentner, dem alle Parteien versprochen hatten, dass die Rente sicher ist, die alleinerziehende Mutter, die ihre Leistung nicht gewürdigt sieht, der zufriedene Bürger, dem seine kleine Welt genug ist, der Bundespräsident, der sich nicht einmischen darf, ein Politiker aus der Schweiz, der nur Gutes über die Demokratie zu sagen weiß, ein Historiker, der über das Entstehen unseres Systems berichten kann, ein intellektueller »zorniger« Bürger, der einen Neustart fordert, und natürlich Herr Gabor Steingart, der diese Diskussion auf eine breite Basis gestellt hat.

Bernd Grosser, Wiesthal

ZUSTIMMUNG Ich stimme Gabor Steingart zu, der sagt, ein wesentlicher Grund für unsere Reformunfähigkeit liegt im Parteiwesen.

Richard David Precht, Autor

MODELL Es wäre kein schlechtes Modell, den Bundespräsidenten direkt zu wählen.

Horst Köhler, Bundespräsident

NEIN Dies würde die gesamte Statik des deutschen Staatsaufbaus massiv verändern. Man kann unmöglich einen Bundespräsidenten direkt wählen und sagen, das Aufgabenspektrum ändert sich nicht.

Angel Merkel, Bundeskanzlerin

INDIREKTE DEMOKRATIE HAT SICH BEWÄHRT Das jetzige Wahlverfahren für das Amt des Bundespräsidenten und seine Amtsstellung haben sich bewährt.

Horst Seehofer, CSU-Vorsitzender

BASISDEMOKRATIE – NEIN DANKE Die Grünen halten nichts von einer Direktwahl des Präsidenten.

Claudia Roth, Parteichefin Bündnis 90/DIE GRÜNEN

DEMOKRATIE PRÜFEN Wir werden die Einführung von Elementen der direkten Demokratie prüfen.

Koalitionsvertrag von CDU, CSU und SPD

READ MY LIPS Die Pflichtlüge ist ein bewährtes Instrument des politischen Handelns, das auch in Deutschland zum unverzichtbaren Bestandteil einer modernen Demokratie gehört. Auf Englisch heißt Pflichtlüge: »Read my lips.«

Wolfgang Nowak, Geschäftsführer
der Alfred-Herrhausen-Gesellschaft

MISSTRAUEN ÜBER BORD WERFEN   Seit den Anfangstagen unserer Republik sind inzwischen viele Jahrzehnte vergangen, und Generationen von Bundesbürgern wurden im demokratischen Geist erzogen. Unser Gemeinwesen hat alle Stürme der Zeit sicher überstanden, und trotz mancher Vertrauenskrise stehen die Menschen in unserem Land zur Demokratie und ihren Institutionen. Wäre es demzufolge nicht an der Zeit, den Bürgerinnen und Bürgern mehr Verantwortung einzuräumen? Sollte der Souverän nicht selbst darüber entscheiden können, wem das höchste Amt im Staat anvertraut wird? Sollte die Entscheidung über den höchsten Repräsentanten unserer Republik nicht aus politischen Hinterzimmern zurück in das Licht der Öffentlichkeit gebracht werden? Nimmt man mal die konstitutionellen Monarchien aus, entscheidet in den meisten Demokratien der Welt das Volk über sein Staatsoberhaupt; unser derzeitiger Präsident wurde in der Wohnung von Herrn Westerwelle ausgekungelt. Das hat auch ihn nicht davon abgehalten, sich öffentlich für die Direktwahl des Bundespräsidenten einzusetzen.

Unsere Parteipolitiker sollten ihr unterschwelliges Misstrauen gegenüber dem Volk endlich über Bord werfen und wie in vielen anderen Ländern Europas auch die Direktwahl des Präsidenten einführen. Wer den mündigen Bürger will, kann ihn nicht länger wie einen Minderjährigen behandeln! Den Bürger ernst nehmen heißt für mich, seinen Willen zu respektieren, und was die Menschen in unserem Land wollen, ist eindeutig: In Umfragen seriöser Institute spricht sich schon seit Jahren eine überwältigende Mehrheit der Bundesbürger für eine Direktwahl des Bundespräsidenten aus.

Hans-Olaf Henkel, Konvent für Deutschland

PARTEIEN-MONOPOL NICHT WICHTIG Nach Artikel 21 des Grundgesetzes wirken die Parteien an der politischen Willensbildung mit, aber faktisch gehen sie weit darüber hinaus. Parteien sind wichtig für die Stabilität der parlamentarischen Demokratie, ein Parteien-Monopol hingegen ist nicht wichtig.

Roman Herzog, ehemaliger Bundespräsident

NICHT VOM BÜRGER GEWÄHLT Die Listenaufstellung durch die Parteien für die Bundestagswahl muss man neu regeln, am besten komplett streichen. Die Hälfte des Parlaments wird heute nicht direkt von den Bürgern gewählt, sondern kommt nur via Parteiliste ins Mandat. Damit ist das Überlebensinteresse dieser Mandatare naturgemäß auf das Wohlwollen der Parteiapparate ausgerichtet und deren Vorstellung von »richtiger« Volksvertretung.

Ich versuche schon seit fünf Jahren, zusammen mit meinem Kollegen Josef Winkler von den Grünen, den Bundestag zu veranlassen, über einen Antrag auf Direktwahl des Bundespräsidenten zu beraten. Weil aber das von einem Quorum beziehungsweise dem

Wohlwollen der Fraktion abhängig ist, kommt diese Beratung nicht zustande. Dabei fänden es viele richtig, die Sache zu erörtern. Wir sind das einzige Land in der westlichen Welt, das die Rechte der Parlamentarier derart beschneidet.

Peter Gauweiler, CSU,
Bundestagsabgeordneter, direkt gewählt

STIMME NICHT DER STIMME WEGEN ABGEBEN Wenn mir nicht gefällt, was an Parteien vorhanden ist, dann gehe ich eben nicht wählen. Man muss seine Stimme nicht der Stimme wegen abgeben.

Julian Lux, 19 Jahre, Goethe-Gymnasium,
Bensheim an der Weinstraße

HALTUNG ZEIGEN Grundsätzlich bin ich Steingarts Meinung. Nichtwählen kann eine bestimmte Haltung zum Ausdruck bringen, kann aber auch nach hinten losgehen und beispielsweise rechte Parteien stärken. Solange man nicht komplett politisch inaktiv bleibt, geht ein Wahlverzicht in Ordnung: aus Protest und nicht aus Ignoranz.

Uta Mathes, 17 Jahre, Liebfrauenschule,
Bensheim an der Weinstraße

EINES DER WICHTIGSTEN RECHTE DER MENSCHHEIT Das Modell der direkten Demokratie, also mehr Einflussnahme für den Bürger, finde ich sehr gut. Das Wahlrecht ist eines der wichtigsten Rechte der Menschheit, das sollte man auch nutzen. Wer nicht wählt, blockiert sich quasi gegen sein eigenes Recht.

Niklas Weitzel, 18 Jahre, Goethe-Gymnasium,
Bensheim an der Weinstraße

NICHTWÄHLEN IST DER FALSCHE WEG Der Autor hat in vielen Bereichen recht. Wir brauchen tatsächlich mehr Demokratie, weil die Menschen im Grunde bereit sind, sich mehr zu beteiligen. Durch Nichtwählen vergeben wir aber unser Recht auf politische Beteiligung und Mitsprache. Das ist definitiv der falsche Weg. Eine Parteiverdrossenheit ist gerade bei jungen Leuten weitverbreitet. Die inhaltliche Angleichung der Parteien sorgt für Verunsicherung: Da werden Koalitionen gebildet von Partnern, von denen man dachte, die können nicht miteinander. Trotzdem: Wählen gehen muss sein.

Tatjana Schaller, 18 Jahre, Liebfrauenschule,
Bensheim an der Weinstraße

VORBILD SCHWEIZ Steingart hat recht. Man sollte den Politikern bewusst machen, was falsch läuft, und versuchen, aus eigener Initiative die Dinge zu verbessern. Es gibt leider keine Partei, der ich hundertprozentig zustimmen würde. Außerdem ist es schwierig, Unterschiede zu erkennen. Eine direkte Demokratie ist eine gute Idee, die Schweiz liefert dazu ein paar gute Vorbilder.

Jennifer Wiederspahn, 18 Jahre, Liebfrauenschule,
Bensheim an der Weinstraße

FRAGEN EINES POLITISCHEN BÜRGERS
Wer eigentlich sind »die Politiker«?

Wer eigentlich ist »das Volk«?

Wer eigentlich definiert, wer »die da unten« und wer »die da oben« sind?

Warum soll ich nicht wählen?

Warum soll ich mich einreihen in die Masse der Nichtveränderer?

Was verändert es, in Büchern und an Stammtischen zu lamentieren?

Was bringt es, sich nicht einzumischen in die res publica?

Warum soll ich meine polis/Stadt anderen überlassen?

Warum soll ich nicht selbst Politik machen?
Fragen eines politischen Bürgers

Peter Lehmann

DIE WAHREN ZENTREN DER MACHT Ich bin ein Schweizer, der nahe Zürich und in München lebt. »Die Machtfrage« habe ich mit Gewinn gelesen. Die Analyse des Heute ist nicht neu, deswegen aber nicht weniger eindrücklich und zutreffend. Über die geschichtlichen

Wurzeln dieses Heute habe ich einiges an Neuem erfahren, was sehr erhellend ist.

Die Strategie, durch Nichtwählen eine wesentliche Veränderung in Gang zu setzen, überzeugt wegen zu vieler Interpretationsmöglichkeiten durch die Medien und die classe politique und im Zusammenhang mit der eigentlichen Machtfrage nicht wirklich und erzeugt zu wenig klaren politischen Druck, vergleiche dazu auch die Wahl- und Abstimmungsbeteiligung in der Schweiz, welche meistens zwischen 30 und knapp über 50 Prozent liegt.

Eigentlich drängt sich damit die Strategie der »68er« auf, nämlich außerparlamentarische Oppositionen in Gang zu setzen. Diese bräuchten aber viele Menschen, die hart dafür arbeiten, und noch mehr Menschen zur Unterstützung. Das Drama der Grünen, welche all die Werte ihrer Gründungszeit verraten haben, sobald sie an der politischen Macht formal beteiligt waren, zeigt auch die Anfälligkeit (aller Menschen, wie ich glaube) zur Korrumpierung durch Macht.

Damit sind wir bei der größten Schwäche des Buches. Sein Titel heißt zwar »Die Machtfrage«, beschränkt sich aber auf politische Strukturen und geht so (folgerichtig) fast gar nicht auf die wahren Zentren der Macht ein, welche – wie die herrschende Krise global mit brutaler Deutlichkeit aufzeigt – in den Chefetagen relativ weniger Großkonzerne zu finden sind. Diese wirtschaftlichen Machtzentren setzen die Politik(er) in allen Ländern unabhängig von unterschiedlichen demokratischen oder nichtdemokratischen politischen Strukturen unter Zugzwang und kontrollieren deren Beschlüsse und Maßnahmen (was sich zum Beispiel darin zeigt, dass diese Maßnahmen keine oder nur sehr dürftig ausfallende Kontrollen und Leitplanken für die Wirtschaft beinhalten). Eine weitere wichtige Form von Macht, welche im Buch ebenfalls ausgeklammert wird, ist auch die Ausübung »struktureller Gewalt« (ein Begriff des Friedensforschers J. Galtung, 1971); ein Begriff, der erstaunlicherweise trotz hoher Aktualität aus der Diskussion verschwunden ist.

Leider habe auch ich keine besseren Alternativen zum »Was tun?« anzubieten. Die Aussichten, wesentliche Veränderungen durch friedliche Reformen in Gang setzen zu können, scheinen wenig vielversprechend, die Gefahr hingegen, dass auch kleinste Gruppierungen oder sogar nur einzelne Menschen durch Gewaltakte ihre Not oder ihren Frust ausagieren oder fundamentalistische Anschauungen durchsetzen wollen, wächst ständig weiter. Wenigstens die Diskussion dieser Fragen in Gang zu halten ist da schon besser, aber leider nicht gut genug.

Ein vielleicht aussichtsreicher Ansatz in der Fortsetzung der Diskussion wäre die Auseinandersetzung mit den Grundgedanken von Ota Sik, einem Wirtschaftswissenschafter und Politiker, der nach der Niederschlagung des Prager Frühlings 1968 in die Schweiz emigrierte, an der Handelshochschule St. Gallen eine Professur übernahm und ein »Modell einer Humanen Wirtschaftsgesellschaft« entwickelt hat.

Fred Gloeckner, Uster, Schweiz

DIE OHNMACHTFRAGE Tolles Buch – ausgezeichnete Be-
schreibung der Situation und der Geschichte –, gerade
der persönliche Bezug auf Willy Brandt hat mir gut
gefallen!

ABER: Weniger Parteienstaat, Leistungslohn für
Politiker, mehr direkte Demokratie und charisma-
tischere Verkäufer like Mr. Obama/Willy Brandt?
Dann wird alles gut?

Am Nasenring wird die Politik gerade von unserem
Finanzsystem durch die Manege geführt! Wir sitzen
im Publikum und stellen die Machtfrage? Sollten wir
nicht lieber die »Ohnmachtfrage« stellen?

Jörg Buschbeck, Vorstand Global Change 2009 e.V.

WARUM SICH DER AUTOR IRRT Stammwähler, Wechselwähler oder Protestwähler? Nichtwähler! So zumindest der Aufruf des *Spiegel*-Korrespondenten
Gabor Steingart in seinem aktuellen Buch zur Bundestagswahl 2009.

Die Parteien in Deutschland hätten zu viel Macht,
die sie verwalten müssten, und würden zugleich zu
viel Energie auf den Machterhalt verwenden. »Die
Demokratie unserer Zeit wird weniger von politischen
Ideen definiert als von Interessen«, so sein Fazit. Die
Politiker seien zu »politischen Ingenieuren« verkom-
men, die ihre Aufgaben mechanisch und ohne geistigen Elan regeln. Große Politikerpersönlichkeiten wie
Willy Brandt seien längst Vergangenheit, und Volks-
politiker wie Barack Obama weit entfernt. Ein deut-

sches »Yes, we can!« sei nicht in Sicht, deswegen bliebe beim Urnengang im September lediglich die Verweigerung. Alles andere sei Zustimmung und Aufforderung an die Parteien zum Weitermachen.

Doch Gabor Steingarts Kritik richtet sich nicht nur gegen die Machtpolitik der Parteien an sich, sondern auch gegen das sie begünstigende deutsche Wahlsystem. Für ihn unterteilt sich das Volk in Mitläufer, Zornige und gute Demokraten. Beim derzeitigen »Abfall der demokratischen Leidenschaft« werden Letztere weniger, Mitläufer und zornige Protestler werden jedoch mehr. Das Volk ist nicht mehr empört über die Politik, sondern nur noch enttäuscht. Für den Autor ist dies ein deutliches Zeichen, etwas ändern zu müssen.

Die klare Aufforderung im letzten Teil des Buches zum Nichtwählen ist in der Folge der geschilderten Fakten zwar emotional verständlich, aber in Anbetracht des politischen Wissens des Autors unbegreiflich. Für den langjährigen Hauptstadtbüro-Chef des *Spiegels* sind abnehmende Wählerzahlen kein Zeichen des politischen Desinteresses oder der Resignation, vielmehr des Protests gegen die aktuelle Politik. Die Zahl derer, die aus Nicht-Interesse nicht wählen würden, bliebe angeblich immer gleich.

Doch hier widersprechen alle Studien und Umfragen der Argumentation des Autors. Stattdessen bezeugen sie ein politisches Desinteresse bei der Bevölkerung und insbesondere der Jugend, das zwar aus einem Ohnmachtsgefühl resultieren mag, aber keinesfalls Protest bedeutet. Ein Nichtwählen aus Protest ist nicht zu unterscheiden von einem Nichtwählen aus Resignation.

Demzufolge müssten die politische Protesthaltung und die Enthaltung von der Wahl wenigstens durch ungültiges Wählen ausgedrückt werden. Denn die Quote der wirklichen Fehler beim Wählen dürfte erheblich geringer sein als die der Nichtwähler aus Faulheit beziehungsweise Resignation. Außerdem dürfte diese Quote sich wirklich nicht großartig über die Jahre geändert haben, da wir technisch gesehen die Abstimmung nicht verändert haben.

Hingegen bedeutet ein Nichtwählen, den Parteien den Regierungsauftrag zu entziehen. Genau das will Gabor Steingart zwar, aber genau dies wird auch zu noch mehr Willkür bei der Koalitionsbildung führen, wie bereits das Chaos und die elend lange Diskussion nach der Bundestagswahl 2005 zeigten. Nach der vom Autor selbst aufgestellten Kategorisierung in Mitläufer, Zornige und gute Demokraten führt ein Nichtwählen lediglich zur Stärkung der Zornigen – und das ist der Demokratie bestimmt nicht zuträglich.

Abschließend benennt Gabor Steingart sieben Vorschläge, mit denen das Parteiensystem in Deutschland langfristig geändert und verbessert werden könnte. Als Erstes will er dabei die von ihm bereits zuvor kritisierten Listenplätze abschaffen, also jene Abgeordneten im Bundestag, die in ihrem Wahlkreis gegen einen anderen Kandidaten verloren haben (Erststimme), aber über die der Partei gegebenen Stimmen (Zweitstimme) ins Parlament einrücken. Diese Kandidaten hätten eben nicht genug Wähler für sich begeistern können und seien lediglich durch die Partei bestimmt.

Zweitens fordert der Autor wie zu Zeiten der Weimarer Republik eine Anpassung der Bundestagssitze an die Wahlbeteiligung. Sinkt diese, sollten weniger Mandate vergeben werden. Problem hier: Dies würde die Parteien zwar motivieren, zur Wahl aufzufordern, aber das Problem nicht verändern. Da sich die Gesamtzahl der Sitze im Bundestag verringerte, würden die Verhältnisse bleiben. Ob die Parteien dadurch mehr auf die Wählerwünsche hören, ist mehr als fraglich.

Des Weiteren will Gabor Steingart den Bundespräsidenten direkt vom Volk wählen lassen. Da dieser keine Parlamentsmehrheit benötige, wäre er eine Gegenstimme zu den Parteifunktionären. Einwand: Der Bundespräsident hat in Deutschland eine vorwiegend repräsentative Funktion inne und nur wenig Einfluss auf die Tagespolitik.

Auch der vierte Vorschlag wird nicht wirklich deutlich, da der Autor lediglich von einer Verfassungsreform spricht und welche Bereiche sie betreffen soll. Nicht aber, was sich konkret ändern müsste. Der fünfte Vorschlag hingegen ist voll zu unterstützen: Wichtige öffentliche Positionen, wie zum Beispiel die des Polizeichefs, sollten nicht per Parteibuch, sondern per Qualifikation vergeben werden. Die Frage ist nur, wie das durchgesetzt werden soll, da selbst die »freie« Wirtschaft so ihre wichtigen Posten besetzt.

Auch sechstens, die innerparteilichen Vorwahlen wirklich durchzuführen und nicht nur auf Parteitagen die vom Vorstand bestimmten Kandidaten abzusegnen, wäre sehr wünschenswert, ist aber vor allem eine Frage der Parteimitglieder selbst. Gabor Steingarts letzte Forderung fasst nochmals zusammen, was er durch das Nichtwählen erreichen will:»Die Bürgergesellschaft kommt, wenn der heutige Parteienstaat vergeht.«

Doch ein Nichtwählen kann keine Lösung sein, das weiß der Leser instinktiv, und das belegt auch die Vergangenheit. Zu oft hat ein Zögern der Demokratie geschadet, zu viele schauen einfach weg. Gabor Steingarts Vorschlag ist ob seiner politischen Kenntnis nur umso enttäuschender. Denn einen Ausweg kann es nur durch mündige und aktive Bürger geben, die ihre Meinung klar zu Protokoll geben. Dafür gibt es bessere Möglichkeiten, als nicht zu wählen.

Felix Struening, Gründer & Chefredakteur,
BuchTest, Berlin

ICH WÄHLE NUR MIT DER ERSTSTIMME Ich finde, dass die Damen und Herren Politiker so erhaben sind und gar nicht mehr die Realität wahrnehmen. Von meiner Seite aus werde ich nur noch meine Erststimme vergeben. Meine Zweitstimme werde ich nicht für ein Ersatzticket geben.

Dann macht es auch Sinn, die Wahlprogramme der Parteien zu vergleichen und den gemeinsamen Nenner herauszufinden. Zweitens kann ich im Wahlbezirk Informationen abfragen, welche Punkte des Wahlprogramms umgesetzt wurden.

Dann hat der Bundestag nur noch 265 vom Volk gewählte Politikerinnen und Politiker. Die Lobby hat es dann verdammt schwer. Sie kann nicht wie bisher mit den Bundestagsabgeordneten klüngeln, die über Jahrzehnte die gleichen geblieben sind.

Andreas Vogler

DIE WAHLBENACHRICHTIGUNG ZURÜCKSCHICKEN Es gibt viele Menschen, die genau denken wie ich: Wen soll ich eigentlich wählen? Aber warum zeigen die Nicht-wähler den Politikern nicht, was ihnen an Stimmen verloren gegangen ist? Einfach die Wahlbenachrichtigung an die jeweilige Partei senden, die man früher mal gewählt hat, und ein kleines Anschreiben dazu, warum man(n)/Frau nicht mehr wählen geht. Ich denke, wenn die Damen und Herren mal sehen, wie viele Stimmen ihnen durch die Lappen gehen, dann fangen sie vielleicht wieder an zu denken.

Walter Göhring

ERINNERT EUCH DER ALTEN VORDENKER! An Ratschlägen für die Reform des erstarrten Parteiensystems hat es nie gefehlt. Gerade bin ich über eine Rede des großen sozialdemokratischen Intellektuellen Richard Löwen-thal gestolpert, die er auf dem Nürnberger SPD-Partei-tag von 1968 gehalten hat. Er schreibt seiner Partei Folgendes ins Stammbuch:

»Die Hauptgefahr in den Parteien ist [...] ihre Erstarrung, ihre mangelnde Bereitschaft, auf neue gesellschaftliche Bedürfnisse und Strömungen prompt zu reagieren.«

Eine Lösung bestehe aber nicht in einer »Verstärkung der ›innerparteilichen Demokratie‹ im traditionellen Sinne einer stärkeren Mitbestimmung der Parteimitglieder«, denn »der Einfluss eines festen Stamms treuer Mitglieder kann [...] manchmal eher ein Faktor der Erstarrung als der Beweglichkeit sein. Eine Beispiel einer demokratischen Institution, welche die Parteien beweglich hält, ist das amerikanische System der Primärwahlen.«

Nachfolgend schildert Löwenthal, offensichtlich begeistert, die Durchlässigkeit, Vitalität und Integrationskraft der amerikanischen Demokratie. Also: Erinnert die Sozialdemokraten an ihre alten Vordenker!!

Robert Philipps, Bonn

MEIN FDP-ERLEBNIS In jungen Jahren war ich der Ansicht, es reicht nicht, alle vier Jahre ein Kreuzchen zu machen. Ich trat daher in die FDP ein, um auch Einfluss auf das Programm und die Auswahl der Kandidaten zur Bundestagswahl zu haben. Im Saarland haben wir damals den Herrn Heinrich Schneider von der FDP/DPS verhindert und statt seiner den Herrn Prof. Werner Maihofer unterstützt. Als Graf Lambsdorff die Parteispendenaffäre ohne Schaden überstanden hatte, bin ich nach 17 Jahren ausgetreten.

Seitdem trete ich auf jeder politischen Veranstaltung – egal welcher Couleur – als personifizierte Politikverdrossenheit auf. Ich fordere die Leute auf, ungültig zu wählen:

- das Wahlrecht, das unsere Vorfahren mühsam erstritten haben, sollte wahrgenommen werden;
- auf die Rückseite des Wahlzettels schreibe ich meine Kommentare, zum Beispiel Selbstbedienungsmentalität bei der Altersversorgung der Abgeordneten, Abschaffung der Kassenärztlichen Vereinigungen etc.

Die geringe Wahlbeteiligung erklären die Politiker mit mangelndem Interesse der Wähler. Der Wähler meint, ohnehin keinen Einfluss zu haben. Wenn der Prozentsatz der ungültigen Stimmen signifikant hoch werden würde, würden die Meinungsforschungsinstitute dies sicher näher analysieren. Ich war als Wahlhelfer in vielen Wahlausschüssen, wir haben jeden einzelnen ungültigen Wahlzettel sehr genau angesehen.

Lueder Gesse

ICH WÄR DABEI Das Buch »Die Machtfrage« hat mir wirklich gut gefallen und viele Sachverhalte gebracht, die ich entweder nicht wusste oder leider schon wieder vergessen hatte. Gerade »Merkel I« und »Merkel II« sprechen Bände, auch das Kapitel über die Volksparteien ist eigentlich erschütternd und deprimierend!

Der einzige Punkt, in dem ich anderer Meinung bin als Herr Steingart, ist der, dass ich nicht der Meinung bin, dass Nichtwählen reicht:

Eine geringe Wahlbeteiligung stört doch unsere Politiker nicht! Dafür bringt Herr Steingart ja selbst noch Beispiele. Zu einfach ist es, eine geringe Wahlbeteiligung auf das schöne Wetter, auf die Politikmüdigkeit, Desinteresse, Faulheit der Bürger oder sonst etwas zurückzuführen.

Wenn aber 20 Prozent der Wähler ungültige Wahlzettel abgeben, ist das etwas anderes! Hier hat weder das Wetter noch Politikmüdigkeit, Desinteresse oder Faulheit den Bürger daran gehindert, das Wahllokal zu besuchen. Und selbst eine schlechte Pisa-Studie kann nicht dazu herhalten, dem Wahlvolk die Fähigkeit zum Lesen und Kreuzchen-Machen abzusprechen. Hier will der Bürger etwas damit ausdrücken!!!

Vielleicht würde das das Politikerwesen zum Nachdenken bringen – Warum hat das Volk so abgestimmt? Stimmt da wirklich etwas nicht mit mir, mit der Partei, mit dem politischen (Parteien-) System? Wie kann ich die Ungültigwähler wieder zurückgewinnen – in das politische Leben und den Entscheidungsprozess integrieren?

Aber selbst, wenn das Politikerwesen aufmerkt und sich fragt: Was stimmt hier eigentlich nicht? Woher soll es dann wissen, was die Bürger wollen und warum sie so abgestimmt haben?

Irgendwie muss sich der Volkswille doch noch äußern, oder?

Wie kann der Bürger sich ausdrücken, dass sich etwas am politischen System ändern muss?

– Nicht zur Wahl gehen = schlechtes Mittel, siehe oben
– Auf dem Stimmzettel schreiben: »Mehr direkte Demokratie« – das wird keiner lesen
– Kundgebungen organisieren und auch hingehen – das wäre schon was
– Eine eigene Partei gründen mit dem Namen »Mehr direkte Demokratie« – die könnte dann wenigstens gewählt werden
– Über das Bundesverfassungsgericht mehr politische Mitsprache einklagen – man kann schlecht etwas einklagen, das nicht im Grundgesetz vorgesehen ist

Hier müssen sich noch ein paar schlaue Leute Gedanken machen und ihre Vorschläge dann öffentlich machen. Ich wäre dabei!

Felix Böhm

MEHR PLURALISMUS WAGEN Die deutsche Parteien haben längst darauf verzichtet, an der politischen Willensbildung kreativ teilzunehmen. Deutschland gleicht einer gut geölten Maschine, die immer im gleichen Takt läuft.

Die Gründe dafür sind sicher vielfältig. Alle reden davon, dass wir in einer pluralistischen Gesellschaft leben. Dennoch hat keine der Parteien bisher den politischen Pluralismus entdeckt, geschweige denn programmatisch ausgefüllt. Der politische Pluralismus spielt daher im öffentlichen Diskurs noch immer keine

Rolle. Am weitesten haben sich hier die Grünen vorge-
wagt. In ihrem Parteiprogramm von 2002 bekennen
sie sich beispielsweise zu einem »Pluralismus der
Lebensstile«. Die Zukunft sei grün, postulieren sie
und sind damit nicht ganz konsequent. Denn besser
wäre, wenn sie sagten, die Zukunft sei bunt.

Bei den anderen Parteien sind pluralistische Denk-
ansätze in ihren Parteiprogrammen mehr oder weniger
Fehlanzeige. Eigentlich hätte man von der FDP erwarten können, dass sie den Ball des Pluralismus aufgreift.
Sie verzichtet aber bis heute darauf, den sich abzeich-
nenden Wandel vom Liberalismus zum Pluralismus
programmatisch auszufüllen. Wenigstens beschäftigten sich die Jungen Liberalen 2008 in ihrem Pforzhei-
mer Programm mit dieser Thematik. Sie sagen Ja zu
einer »lebensbejahenden« pluralistischen Gesellschaft
mit Toleranz und verbunden mit einer Absage an die
Beliebigkeit von Werten. Bleiben die Linken, in deren
Vorgängerpartei PDS es einen opportunistischen Hin-
weis auf die angebliche pluralistische Verfasstheit der
Partei in ihrem damaligen Programm gibt. Bei CDU
und SPD sucht man den Pluralismus in ihren Parteiprogrammen bis heute vergeblich.

Die Vereinigten Staaten von Amerika sind das klas-
sische Land des Pluralismus. So gesehen passte die
»unipolare« Präsidentschaft der vergangenen acht
Jahre eigentlich gar nicht so recht zum Selbstverständ-
nis der Amerikaner. Das dürfte jetzt korrigiert werden.
Der neue Präsident Barack Obama scheint »multipo-
lar«, also pluralistisch, zu denken. Zentralismus, also

das Regieren von der Spitze her und nicht aus der Mitte heraus, scheint seine Sache nicht zu sein.

Pluralistisches Denken setzt an der Vielfalt an: Vernünftige Dezentralisation, Subsidiarität, Vorrang für die Gegebenheiten der Märkte und Regionen, Zurückdrängen des Übergewichts der Zentralen, Konsensmanagement und Ausbalancieren der unterschiedlichen Gewichte, das sind die Trümpfe des Pluralismus. Gewiss ist es kein Zufall, dass die zentral geführten Großbanken in der Finanzkrise am meisten in die Knie gegangen sind und die dezentral organisierten Industriebranchen bisher relativ gut durch die Krise gekommen sind.

Albrecht Koch

NICHTWÄHLER-PARTEI GRÜNDEN Ich habe das Buch mit Interesse gelesen, und die Aussagen decken sich weitestgehend mit meinen, als aktives Parteimitglied gewonnenen Erfahrungen im heutigen Politbetrieb. Alleine die Schlussfolgerung »Wahlenthaltung« findet nicht meine Zustimmung, da dies keinerlei Auswirkungen auf das System hätte, solange die Größe des Bundestags nicht an die Wahlbeteiligung gekoppelt ist.

Das System lässt sich nicht durch Enthaltung, sondern nur durch Teilhabe ändern. »Passives« Nichtwählen hilft nicht, vielleicht aber »aktives«. Warum nicht eine Partei gründen wie zum Beispiel die Partei der Aktiven Nichtwähler. Das Buch liefert das Grundgerüst für ein Parteiprogramm, wie zum Beispiel offene Vorwahlen für die Kandidatenliste (als Einstieg) und die anderen Ziele unter dem Thema »Demokratie erneuern«.

Stimmt die Analyse zur Wahlenthaltung wegen Parteienverdrossenheit im Buch, sollte das Wählerpotenzial im zweistelligen Bereich liegen. Damit sollte sich doch was bewegen lassen. Die Satzung müsste halt nur sicherstellen, dass dies nicht eine weitere Plattform für Opportunisten zum Einzug in den Bundestag wird.

Rüdiger Stellmacher, Berlin

DER NEUE WAHLZETTEL Warum sollten die Wahlzettel nicht um eine zusätzliche Rubrik erweitert werden? Die aktive Wahlenthaltung. Der Wähler gibt damit zu erkennen, sich von keiner der Parteien entsprechend vertreten zu fühlen. Er nimmt aber dennoch sein Wahlrecht ernst, geht ins Wahllokal und gibt seine Stimme ab. Und diese Stimmen werden ausgezählt und haben auch eine entsprechende Konsequenz.

Entsprechend dem Stimmanteil der aktiven Nichtwähler werden die zu vergebenden Sitze der Landtage beziehungsweise des Bundestags gekürzt. Um es deutlich sichtbar zu machen, könnten die entsprechenden Stühle für die Wahlperiode mit einer Plane abgedeckt werden.

So würde der Druck auf die Parteien erhöht, nicht nur die Mehrheit der Wähler zu erreichen, sondern auch die Nichtwähler zu erreichen und zu überzeugen.

Uwe Bunsendal, Hannover

PARTEI DERER, DIE SICH NICHT VERTRETEN LASSEN WOLLEN Wieso soll nicht eine zur Volksbestimmung führende Möglichkeit sein, eine »Partei derer, die sich nicht vertreten lassen, sondern selbst mit-/bestimmen wollen«, aufzustellen und wählen zu lassen?

Da sagte der Name schon aus, was diese Partei will. Und das Programm hätte nur die Aussage darüber, wie die »Direkte Demokratie« eingeführt wird, und würde das Prinzip/die Wirkungsweise von Volksabstimmungen und Volksbegehren erläutern und die Rolle/Aufgaben eines Bundespräsidenten.

Einer solchen Partei und deren Wahl gebe ich mehr Chancen, endlich »Direkte Demokratie« zu erhalten, als dies über Wahlverweigerung oder ungültige Stimmabgabe zu erreichen.

Roy Rempt, Lychen

WIDER DEN FRAKTIONSZWANG Steingart hat mich mit seiner Argumentation sehr viel weiter gebracht.

Ich, und genauso viele meiner Freunde, rätseln, wen man von den in Berlin anwesenden Politikern beziehungsweise Parteien um Himmels willen wählen könnte. Die Art und Weise, wie sich die Parteien an die Macht gebracht haben, entspricht doch überhaupt nicht dem Grundgesetz. Hat zum Beispiel Fraktionszwang noch irgendetwas mit Demokratie zu tun? Es dreht sich nur noch um den reinen Machterhalt der Parteien. Ich habe da schon lange Bauchschmerzen.

Günther Schmidt

»MEHR DEMOKRATIE« — SO GEHT'S Der Verein »Mehr Demokratie« hat mit seiner diesjährigen Aktion Volksabstimmung einen Vorschlag von Herrn Steingart schon längst verwirklicht. Mit der Aktion Volksabstimmung werden

1. die Mitglieder des Bundestags per Postkarte aufgefordert, sich kompetent und glaubwürdig für die Realisierung eines bundesweiten Abstimmungsrechts einzusetzen. www.aktion-volksabstimmung.de
2. Ansonsten werden die Nichtwähler aufgefordert, aktiv zu werden, indem sie ihre Wahlbenachrichtigung an den »Omnibus für direkte Demokratie«, Greifswalder Str. 4, 10405 Berlin, senden. Damit bekommt die Wahlenthaltung eine Stimme und damit auch mehr Gewicht.

Heidemarie Wegener

WIDER DAS KLEINSTE ÜBEL Vor ungefähr drei Jahren (es stand eine Kommunalwahl an) entschloss ich mich, nicht (mehr) wählen zu gehen. Keine der auf dem Stimmzettel aufgeführten Parteien war für mich »das kleinste Übel«, sondern im Grunde war für meinen Geschmack eine schlimmer als die andere. Welche also wählen? Da meine Sympathie oder mein Grad der Zustimmung für keine der Parteien ausreichte, blieb nur die »aktive« Nichtwahl.

Gleichzeitig begann ich mich zu fragen, ob der uns jahrzehntelang indoktrinierte Satz »Wer nicht wählt,

wählt rechts beziehungsweise stärkt Radikale« nicht vielleicht in Wahrheit billige Propaganda war, eine überstrapazierte Alibi-Aussage, die den etablierten Parteien und Politikern dazu verhelfen sollte, sich Wählers Stimme schnell und unkompliziert zu sichern. Und könnte es nicht auch den leichten Nimbus des Erpressens haben, wenn ich jemandem zurufe: Wenn du mich nicht wählst, dann …?

Und sollte mich ein Politiker nicht aktiv anstatt passiv überzeugen? Oder soll ich jemanden nur wählen, um etwas anderes zu verhindern? Wäre das nicht ein bisschen wenig? Heute wählen gehen hieße nach meiner Ansicht, den Regierenden zuzustimmen, was ich keinesfalls möchte. Zu vieles ist für meine Begriffe faul im Staate: die fehlerhafte Beschäftigungspolitik, mangelnde Ehrlichkeit und Offenheit der »Volksvertreter«, nach wie vor überbordende Bürokratie, eine längst entstandene Mehrklassengesellschaft, das Missverhältnis zwischen der Höhe an staatlicher Unterstützung (die es zweifelsohne grundsätzlich geben muss) und dem Eingangssatz in der Steuertabelle, Unternehmerinteressen, die alles beherrschen dürfen, oder mangelndes Bürger-Mitspracherecht.

Warum werden beispielsweise Menschen in anderen Ländern nach ihrer Meinung zum Euro oder zur EU-Verfassung gefragt, aber wir nicht? Warum hält man hier nichts mehr von Volksbefragungen/-abstimmungen? Kurz: mangelnde Ethik in zu vielen Bereichen und zu viel Inkompetenz, Gier, Trägheit und Machtverliebtheit an zu vielen wichtigen Schaltstellen.

Meiner Ansicht nach müssten eine grundlegende Reformierung des Wahlrechts und eine Art Kontrollgremien für Parlamente her. Diese würden sich aus möglichst parteilosen Vertretern aller gesellschaftlichen Schichten zusammensetzen und die Arbeit der Parlamente »überwachen«.

Solange nichts von all dem angepackt wird, kann ich meine Stimme nicht dafür hergeben, lediglich zum Machterhalt von Politikern beizutragen.

Daniela Fleischhauer, Lauenau

DIE QUAL DER NICHTWAHL Sie haben mir nun die Qual des Nichtwählens genommen. Lange habe ich mit diesem Gedanken geliebäugelt, auch bei den letzten Bundestagswahlen. Jedes Mal hatte ich ein schlechtes Gewissen – nicht zu wählen –, weil der Partei, der ich sonst meine Stimme gebe, nun dieselbige verloren geht, da ich nicht zu den Wechselwählern gehöre.

Daraufhin habe ich mir Ihr Buch »Die Machtfrage« gekauft und an einem Tag gelesen. Es war informativ, kein Stück langweilig, was man so von Sachbüchern immer erwartet. Sie können sich darauf verlassen, dass ich dieses Buch in meinem Freundeskreis wärmstens weiterempfehlen werde.

Jedoch werde ich »ungültig« wählen gehen, denn ich denke, dass das eher dazu beitragen könnte, dass die Politiker zum Nachdenken angeregt werden – auch wenn es mir schwerfällt, das zu glauben.

Sonja Nägele

MEHRHEITSWAHLRECHT – MIT EINFACHER MEHRHEIT Um
das »Experiment« Demokratie etwas näher zu
beleuchten, möchte ich hier meine eigenen Erfahrungen als Politiker wiedergeben:

In den Neunzigerjahren war ich in Meerbusch
(Kreis Neuss) politisch tätig. Ich war unter anderem
im Kreisvorstand der FDP und war 1996 Direktkandi-
dat der FDP für die Wahl zum Deutschen Bundestag.
Ich war als solcher mit einem passablen Stimmergeb-
nis (11,9 Prozent mit 0,8 Prozent Zuwachs – gegen
den Trend) durchaus erfolgreich, aber was mir dauer-
haft in Erinnerung geblieben ist, ist das Erlebnis, wie
ich bei der Kreiswahlversammlung zum Kandidaten
»gekürt« wurde:

Man muss wissen, dass der Kreis Neuss zwei Wahlkreise besitzt, einen nördlichen, Meerbusch, Kaarst,
Grevenbroich etc., und einen südlichen, Neuss, Dor-
magen, Rommerskirchen etc. Es wurde eine Kreiswahlversammlung für die gleichzeitige Wahl beider
Kandidaten anberaumt. Beide Kandidaturen ohne
Gegenkandidatur wurden im Kreisvorstand vorher
abgesprochen. Es war klar, dass ich gewählt werden
würde und der andere auch. Da ich wusste, dass Vertreter der Presse anwesend sein würden, bereitete ich
eine Rede vor, in der durchaus handfeste Statements
zu verschiedenen politischen Themen standen, für
eine allgemeine Wehrpflicht, gegen Fußgängerzonen,
gegen die Gesamtschule und für eine Erweiterung der
Startbahn.

Die Stunde der Wahrheit, die Kandidatenwahl, nahte. Ich ging ans Mikrofon und stellte mich vor und verlas meine Rede. Anschließend wurden Wortmeldungen aufgerufen. Ich bekam meine Quittung. Zwar meldete sich eine Dame aus der ersten Reihe spontan und lobte mich: »Endlich sagt einer die Wahrheit.« Aber das blieb bei den Parteifreunden nicht unwidersprochen. Aus der letzten Reihe rief jemand: »Sie sind ja gar kein Liberaler!« Und es wurde noch mehr kontrovers diskutiert. Mein Wahlergebnis hatte Adenauer'sche Qualitäten: 41 von 81 Anwesenden stimmten für mich, wählten mich zum Kandidaten für Neuss II. Meine eigene Stimme gab den Ausschlag. Das war knapp!

Ganz anders bei meinem Parallel-Kandidaten für Neuss I. Er kam ans Pult, stellte sich vor und sagte farblos: »Ich will im Fall meiner Wahl für euch da sein, für euch arbeiten.« Die Diskussion beschränkte sich auf ein paar Höflichkeiten. Das Wahlergebnis lag nahe an der Einstimmigkeit. Meine Analyse ergab Folgendes:

Wer innerhalb einer Partei eine Meinung äußert, hat sofort Freunde und Gegner. Wenn man es gut macht, hat man die Mehrheit für sich. Das Problem beginnt jedoch dort, wo man zwei oder mehr Meinungen zu verschiedenen Themen äußert. Mit jeder Meinungsäußerung zu einem anderen Thema vergrößert sich die Zahl der Gegner. Hatte man mit der Wehrpflicht noch eine gesunde Mehrheit, minderte die sich, wenn man sich zum Thema Fußgängerzonen äußerte.

Dann sprangen ein paar Befürworter zusätzlich ab, und nur wenige von den vorherigen Gegnern wurden zu Befürwortern, weil sie das zweite Thema höher gewichteten. Das dritte Thema löste denselben Effekt aus. Mit jeder Meinungsäußerung hatte man ein paar Gegner/Feinde mehr. Mein Parallel-Kandidat eckte nicht an. Er sagte gar nichts. Er bekam die höchstmögliche Zustimmung. So funktioniert die Parteiendemokratie im ersten Schritt.

Wenn man diese Erfahrung gemacht hat, weiß man, was zu tun ist, wenn man Parteikarriere machen will: Nur keine Meinung äußern. Aber es offenbart auch noch etwas anderes: In den Bundestag kommen nur die profillosen Jasager, weil nur sie eine Chance haben, aufgestellt zu werden. Ergo: Negativauslese bestimmt schon aus diesem Grund die Zusammensetzung des Deutschen Bundestags – jedenfalls nicht unmaßgeblich.

Aber es gibt noch einen zweiten Grund: Das sogenannte Verhältniswahlrecht, wie es bei uns praktiziert wird. Das Verhältniswahlrecht hat zur Folge, dass die politische Meinungspalette in den Parlamenten vertreten ist, abgebremst durch die Fünfprozentklausel. Im Verhältniswahlrecht bekommen in erster Linie die Parteien die Wählerstimme und nicht der Abgeordnete. (Der direkt gewählte Abgeordnete ist normalerweise auch über die Landesliste seiner Partei »abgesichert«.) Im Mehrheitswahlrecht (egal ob relativ oder absolut) bekommt der Kandidat die Stimme direkt. Die Folgen des Verhältniswahlrechts sind dramatisch:

– Die Wahl ist zum einen auf den Vorsitzenden konzentriert, weil mit der Wahl nur über ihn direkt bestimmt werden kann – alles andere macht die Partei über die Liste.

– Politisch interessierte Menschen, die sich gern zur Wahl stellen möchten, scheitern daran, dass sie sich nicht der Parteiarbeit und der Parteilogik (siehe oben) unterwerfen, das heißt die Besten scheiden aus!

– Splittermeinungen bestimmen die Politik maßgeblich, weil sie die Mehrheiten machen, zum Beispiel die FDP, die Grünen, die Linken und die sogenannten Volksparteien auf ihren Kurs zwingen.

– Splittermeinungen werden gefährlich, weil das Wahlsystem ihnen Plattformen zur Verfügung stellt: die Wahl und die Parlamente.

In angelsächsischen Ländern gibt es keine Gefahren von rechts oder links, so laut die Extremen auch schreien mögen und mit Hakenkreuzfahnen wedeln. Die politischen Systeme sind robust, weil den Extremen der Zutritt zu den Parlamenten verwehrt wird: Sie finden niemals Mehrheiten, sie kommen nie in die Parlamente, so wie in Mecklenburg-Vorpommern die rechtsradikale NPD.

Das Thema Verhältniswahl/Mehrheitswahl hat unsere Republik in den Sechzigern schon einmal heftig umgetrieben. Die großen (SPD und CDU) hatten sich damals schon darauf geeinigt. Walter Scheel von der FDP hat dann Willy Brandt davon abgebracht, weil er ihm die Mehrheit gesichert hat. Es gibt dazu ein aufschlussreiches Buch von dem damaligen Bundestagsabgeordneten Paul Lücke mit dem Titel: »Ist Bonn doch Weimar? Der Kampf um das Mehrheitswahlrecht« (1968; Ullstein-Buch Nr. 3637).

Wie weit das Wahlrecht die Qualität des politischen Personals in den Parlamenten bestimmt, kann man ersehen, wenn man die Members of Parliament des Britischen Unterhauses mit den Abgeordneten des Deutschen Bundestags vergleicht:

– Das Britische Unterhaus finden Sie im »Dod's Parliamentary Companion«, der mindestens einmal jährlich neu aufgelegt wird, oder auf der Website von Dod's, wo unter dem »House of Commons«-Link eine A-bis-Z-Liste aller MPs mit Kurzbiografie abrufbar ist: www.dodonline.co.uk.
– Die entsprechende Seite für den Deutschen Bundestag lautet: http://www.bundestag.de/.

Ein Vergleich der jeweiligen Repräsentanten an Bildungsgrad und beruflichen Erfolgen bringt das eindeutige Ergebnis, dass im englischen Parlament die Elite des Landes vertreten ist und im Deutschen Bundestag unvergleichlich weniger. Im Deutschen Bundestag sitzen erkennbar die Parteikarrieristen, die von den Parteien dorthin geschickt wurden, im englischen Parlament sitzen die, die dorthin gewählt, vom Wähler auserwählt wurden. Wenn man weiß, was Parteikarriere bedeutet, schwant einem nichts Gutes: Parteikarriere macht man durch tägliche Anwesenheit auf irgendeiner Parteiveranstaltung – in Verbindung mit der permanenten Nichtäußerung der politischen Meinung (siehe oben).

Das Problem ist also, dass unter Beibehaltung der Parteien-Demokratie keine substanzielle Änderung herbeigeführt werden kann. Eine Änderung hin zu einem dynamischeren System, zu einem relativen Mehrheitswahlrecht nach dem Vorbild viel älterer Demokratien ist daher unumgänglich.

Das Bundeswahlgesetz ist ein einfaches Gesetz und kann durch einfache Mehrheit geändert werden. CDU und SPD sollten sich zusammenschließen und das Gesetz ändern. Damit die Abgeordneten (Parteisoldaten), die sich mit der Entscheidung für ein relatives Mehrheitswahlrecht den eigenen Ast absägen müssen, keinen oder nur einen erträglichen Nachteil erfahren, müsste eine lange Übergangszeit eingebaut werden. Zehn Jahre?

Florian Hoffmann, Düsseldorf

NUR WER ANPACKT, KANN MITGESTALTEN Wir haben bereits jetzt das Problem, dass die Wahlbeteiligung erschreckend niedrig ist. Kommunal-, Europa- und Bürgermeister-/Landratswahlen werden seit Jahren sträflich vernachlässigt. Lediglich Bundestags- und Landtagswahlen können noch annähernd Wahlbeteiligungen aufweisen, die in irgendeiner Weise noch vertretbar sind. Natürlich hat jeder Wähler das Recht, von seinem Wahlrecht keinen Gebrauch zu machen, jedoch sollte sich jeder auch bewusst sein, was er damit bezweckt.

Gabor Steingart sagt, dass Wahlenthaltung eine »friedliche Provokation« sei. Das mag vom Gewaltaspekt betrachtet durchaus richtig sein, öffnet jedoch dem politischen Extremismus Tür und Tor. Herr Steingart behauptet weiterhin, dass der Nichtwähler »nicht radikal wählt«. Auch das ist nur bedingt richtig, denn jede Stimme, die dem demokratischen Lager verloren geht, wandert zwangsläufig zu den Rechten und Linken. Herr Steingart glaubt doch nicht allen Ernstes, dass wenn keiner wählen geht, am Ende auch niemand gewählt wird. Die Mandate werden ja so oder so besetzt. Und im Zweifel eben mit den Feinden der demokratischen Grundordnung.

Das kann und darf nicht sein! Er wäre besser beraten gewesen, dafür zu werben, dass sich die (jungen) Menschen politisch engagieren und etwas dazu beitragen, dass sich etwas verändert. Wer nur motzt und meckert, braucht sich nicht zu wundern, wenn sich nichts verändert. Nur wer selbst anpackt, kann mitgestalten.

Dennis Majewski, Bromskirchen

UNGÜLTIG WÄHLEN Die Provokation durch Wahlenthaltung – quasi ein indirekter Aufruf zur Wahlverweigerung – darf nicht unkommentiert bleiben. Abgesehen von der Unterminierung unseres hohen Privilegs eines freien Wahlrechts halte ich Wahlenthaltung hinsichtlich einer positiven Reaktion der Politkaste zur Weiterentwicklung unserer von den Alliierten verordneten und seither nicht weiterentwickelten Demokratie nur für den zweitbesten Ansatz.

Die schon seit Jahrzehnten viel zu hohe Wahlverweigerung hat die Politik bisher nicht zu einer wie auch immer gearteten Reform am Wahlrecht oder zur Weiterentwicklung unserer Basisdemokratie animiert und wird es auch weiterhin nicht tun, weil sich unsere »Parteiendemokratur« längst bestens eingenistet hat und keine Veränderung wünscht.

Der stille Protest der Nichtwähler wird als zwar bedauerlich kommentiert, als Bequemlichkeit und Desinteresse einer gewissen, zu vernachlässigenden Schicht abgetan, oder sogar dreist als vollste Zufriedenheit der Wählerinnen und Wähler interpretiert. Ob 40 oder 80 Prozent nicht zur Wahl gehen, ist der Politelite letztendlich egal, sie wählen sich gemeinsam mit ihren Clans dann halt selbst und gelten nach bestehendem Recht als ordentlich gewählt. Wenn man seiner Politikverdrossenheit den notwendigen Nachdruck verleihen will, sollte man zur Wahl gehen und seinen Stimmzettel ungültig machen. Sei es durch ein großes Kreuz über alle Parteien hinweg oder mit einem Unmutskommentar versehen, nur so wird die angestrebte Provokation bereits beim Auszählen erreicht und von der Parteibasis nach oben durchgereicht.

Zusätzlich – und das tut der Politelite wirklich weh – sinkt der prozentuale Stimmenanteil der Parteien und Kandidaten auf den tatsächlich erreichten Wert, weil ungültige Stimmen als abgegebene Stimmen mitgezählt und folglich auch gewertet werden. Nicht abgegebene Stimmen bewirken hingegen faktisch eine prozentuale Steigerung der Wahlergebnisse der Parteien, und der als Provokation gedachte Akt wird somit leider ins Gegenteil verkehrt.

Helmut Siebert, Sontra

STELLT EUCH VOR, ES IST WAHL, UND KEINER GEHT HIN
Stellt euch vor, es ist Wahl, und keiner geht hin! Der zugegebenermaßen nicht beste Ansatz, Wahlenthaltung zu üben, spricht mir aus der Seele. Offenbar gibt es kein anderes Mittel, um unseren auf Wolke Nr. 7 schwebenden Politikern zu zeigen, dass wir schon lange nicht mehr einverstanden sind, was da in Berlin vor sich geht.

Könnten wir Deutschen uns doch aufraffen, gemeinsam durch Nichtwählen unsere Stärke zu zeigen: Wir sind das Volk! Und unsere gewählten Volksvertreter arbeiten für uns. So sollte es eigentlich sein. De facto ist es aber so, dass gegen das Volk regiert wird, also gegen uns. Leider sind wir nicht so gestrickt wie die Franzosen, die durch Generalstreiks und Protestaktionen ihre Regierung unter Druck setzen.

Der deutsche Michel trägt eben nicht umsonst die Zipfelmütze. Also raffen wir uns doch auf und zeigen durch Nichtwählen, dass wir den Kanal voll haben. Vielleicht wird man in Berlin dann munter.

Almut Frühauf, Immenhausen

MEHR RISIKO Ich finde, eine Demokratie muss Risiken eingehen können, auch die Überprüfung vorhandener Statuten. Warum nicht eine Personenwahl? In welchem Rahmen diese stattfindet, wäre ein interessantes Planspiel, mit dem viele Doktoranten eine Zeit lang ein gesichertes Einkommen hätten. Gründe für Veränderung gibt es jedenfalls genug.

Allein wenn man sich den Werdegang vieler Minister betrachtet und ihre offensichtlich zeitweise recht willkürlich anmutende Einsetzung in Ressorts, weckt dies in mir wenig Vertrauen als Wähler. In anderen Berufssparten würden solche Quereinsteiger nicht zum Zuge kommen.

Betrachtet man sich gegenwärtige Politikerlaufbahnen, folgen diese eher karierristischen Aspekten und weniger dem Anspruch: der fachlich Kompetenteste kommt durchs Ziel. Man sollte die Fähigkeit der Wähler nicht unterschätzen, zwischen sprachblasenbegabten Rhetorikern im Wahljahr und faktisch gebrieften Politikern unterscheiden zu können. Und wenn's mal danebengeht, was soll's. Damit leben wir seit der Gründung unseres demokratischen Parteiensystems.

Sabine Tropp

WENIGER SITZE Vielleicht könnte man nach einer Wahl die Anzahl der vorgesehenen Abgeordnetensitze um denselben Prozentsatz verringern, wie ihn die Partei der Nichtwähler erreicht hat.

Michael Schneider

ZURÜCK AN KAUDER   Auch ich bin zum Nichtwähler geworden. Nur gehe ich einen Schritt weiter: Ich sende meine Wahlbenachrichtigung meiner Partei (in meinem Fall die CDU) über den jeweiligen Wahlbeauftragten zu. Das ist bei mir ein Herr Kauder. Die sollen doch sehen, wie viele Stimmen ihnen durch ihre Politik abhandenkommen. Erst dadurch werden die Herren Politiker vielleicht zum Umdenken gezwungen.

Walter Göhring

DIE BÜRGER MITNEHMEN   Es muss ein Druck aufgebaut werden, der diesen selbstgefälligen Politikern Feuer unter ihrem Hintern macht und damit sie wieder dem Bürger in direkter Form verantwortlich werden. Ich habe folgenden Brief an meinen Bundestagsabgeordneten verfasst:

Sehr geehrter Herr Weiß, nachfolgend sollen einige Punkte genannt werden, die die Bürger aus politischer Sichtweise zur Verzweifelung und zur Weißglut treiben!

So, wie es die vergangenen 60 Jahre gelaufen ist, kann es nicht weitergehen: Wir leben mit einer Nachkriegsverfassung, die unter den fürchterlichen Ereignissen der Hitler-Diktatur entstanden ist und die heute nicht mehr zeitgemäß ist:

a) wir können unseren Bundespräsidenten nicht direkt wählen;
b) jeder zweite Parlamentarier im Bund wie im Land ist über die Liste ins Parlament gerutscht – er/sie

kann seinen/ihren Wahlkreis in aller Ruhe verlieren, das stört den Abgeordneten überhaupt nicht – er / sie hat ja ein zweites Ticket in der Tasche …;

c) der/die Abgeordnete ist dem Souverän – dem Bürger – gar nicht mehr verantwortlich und fühlt sich auch nicht dem Volk verantwortlich, sondern der Partei;

d) durch die Volksferne von Abgeordneten über die vergangenen 40 Jahre hat sich ein Legitimationsverlust der Politik ergeben, der sich beim Wähler durch das Ignorieren von Wahlen dokumentiert;

e) bitte verwechseln Sie nicht den Wahlboykott, wie es Politiker immer tun, mit einer Bequemlichkeit der Bürger, denn wir haben seit der Wahl von Willy Brandt keine Verdreifachung der Bequemlichkeit;

So, wie es die vergangenen vier Jahre gelaufen ist, wird es in den zukünftigen Jahren mit Sicherheit nicht weitergehen können – warum nicht: Enttäuschte CDU-Anhänger wollen nicht mehr zur Wahl gehen. Nach einer Emnid-Umfrage geben 19 Prozent der CDU-Anhänger an, nicht mehr zur Wahl gehen zu wollen; 14 Prozent wollen beim nächsten Mal die FDP wählen und 3 Prozent die SPD. Die Deutschen sind sich in ihrer Mehrheit einig, dass die Entscheidungen über ihre Köpfe getroffen werden und dass das, was wir Bürger den gesunden Menschenverstand nennen, für Parteien kein Maßstab ist. Bürgerliche Politik ist für die CDU ein völliges Fremdwort geworden.

Die bürgerliche Mitte ist unter der CDU unversehens

nach links verrutscht – wer den eigenen Schwerpunkt verliert, bekommt erst Schlagseite, dann kippt er um! Die CDU überholt in weiten Bereichen die SPD auf der linken Spur! Unsere Spitzenpolitiker bestücken in der öffentlichen Agenda mit immer neuen Zweit- und Drittrangigkeiten die politische Agenda, und die Kanzlerin taucht über weite Strecken in das zeremonielle Alltagsgeschäft ihres Berliner Amtes ab.

Ich möchte eines ganz klar herausstellen: Sie wurden von den Bürgern der Ortenau gewählt, um unsere Interessen zu vertreten. Tun Sie das?

Die Art, wie Politik in Zukunft gestaltet werden wird, wird sich verändern müssen. Die Menschen haben ihr Vertrauen in die Politik und die Wirtschaft verloren. Es ist ein dramatischer Fehler der Politik, die Bürger nicht »mitzunehmen«!

Axel Kulozik

ANDERE POLITIKER BRAUCHT DAS LAND Immer wieder wird die Frage gestellt: Welche Partei können wir noch wählen? Die meisten Menschen gehen einfach nicht mehr zur Wahl; aber das interessiert die etablierten Parteien gar nicht, die hoch bezahlten Abgeordnetenmandate werden so oder so verteilt.

Auch neue Parteien werden an unserem System in Deutschland – die Wirtschaft bestimmt die Politik – nichts ändern. Alle haben gesehen, was aus den Grünen geworden ist.

Etwas ändern kann meines Erachtens nur ein Wechsel in unserem Wahlsystem. Wir brauchen andere Politiker, Männer und Frauen, die d i r e k t vom Wähler in die Parlamente gewählt werden. Alle Abgeordneten werden ausschließlich als Gewinner ihres Wahlbezirks durch die Bürger d i r e k t in den Landtag oder Bundestag gewählt und nicht mehr zu 50 Prozent über die vorher von den Parteivorständen ausgekungelten Landeslistenplätze (wo immer dieselben »verdienten« Herren oben stehen und sich als Gewählte wiederfinden).

Damit haben die Bürger die Möglichkeit, Abgeordnete bei der nächsten Wahl auch wieder direkt abzuwählen, wenn sie zum Beispiel durch Korruption, zu viele bezahlte Nebentätigkeiten oder als große Lobbyisten von Konzernen aufgefallen sind.

Unsere Demokratie krankt daran, dass sie eigentlich keine ist. Laut Grundgesetz soll der Abgeordnete vom Volk (ohne Vorauswahl der Partei) gewählt werden. Die meisten Abgeordneten a l l e r Parteien setzen in der Regel nur die Forderungen der Wirtschaft und Vermögenden um. Damit fahren beide Seiten gut. Neben ihren Diäten werden die Abgeordneten von der Wirtschaft mit hoch bezahlten Aufsichtsratssitzen und sogenannten Beratungsverträgen versorgt. Als Gegenleistung werden Gesetze verabschiedet, die Unternehmen und Vermögende begünstigen (zum Beispiel Steuersenkungen), oder Gesetze verhindert.

Es hilft meines Erachtens nur die Änderung unseres Wahlsystems, das heißt die Einführung der direkten Demokratie. Damit wählen die Bürger in ihrem Wahlbezirk ihre Abgeordneten persönlich, und diese sind

nur ihren Wählern und nicht ihren Parteibossen verantwortlich. Alles andere führt in Deutschland zu keinen
Veränderungen. Mit dem anderen Wahlsystem können
wir korrupte und abzockende Politiker zum Teufel
jagen.

Es muss gezeigt werden, dass das Volk bestimmt
und es in der Mehrheit eine wirkliche Demokratie in
einem sozial ausgerichteten Staat will. Eine Wahlsys-
temänderung ist sicherlich nur über ein Volksbegehren
zu erreichen, weil sich die Leithammel aller etablierten
Parteien ihrer Mauscheleien beraubt sehen würden.

Gerhard Plaat

ABWARTEN REICHT NICHT Ihrer Aussage, dass die Wahlbeteiligung immer passend ausgelegt wird, kann ich
nur zustimmen. Entweder das Wetter ist zu schön
oder zu schlecht, es ist immer irgendwie »zu«. Ich
behaupte, hätten wir Deutschen über die Einführung
des Euros abstimmen dürfen, hätte man eine beispiel-
los hohe Wahlbeteiligung gehabt. Aber in diesem Fall
war das wohl nicht erwünscht.

Sie sagen unter anderem sinngemäß, auch die Gründung einer neuen Partei würde nichts verändern, weil
die Strukturen die gleichen blieben. Im Moment ist
gerade eine neue Partei in Gründung, bei der auf politischer Ebene alle Mitglieder Vorschläge einbringen,
diskutieren und darüber abstimmen können, jemand
nannte es mal eine »Volksabstimmung durch die Hin-
tertür«.

Wie so oft wird auch hier die gute Idee von persönlichen Eitelkeiten ausgebremst, es bleibt noch abzuwarten, ob aus der guten Idee auch eine gute Alternative zu den gängigen Parteien wird. Ich beobachte aber noch ein weiteres Problem: Spricht man das Thema Politikverdrossenheit an, heißt es, die Leute interessieren sich nicht, weil es keine guten Alternativen gibt. Nur: Um Alternativen zu schaffen, muss sich auch jemand bewegen! Nur abwarten und erst mal die anderen machen lassen reicht da nicht.

Ich kenne Frauen, die hingebungsvoll über eine fertiggestrickte Socke bloggen oder dass das Kind eine Brille bekommen soll. Fordere ich dann auf, Leute, geht mal bei uns ins Forum und erzählt, wie ihr euch die ideale Schule für euer Kind vorstellt – keine Reaktion.

Schreibe ich in meinem Blog irgendwelchen Blödsinn, wird eifrig kommentiert – schreibe ich »erzählt mir wenigstens mal, warum ihr euch für nichts interessiert«, herrscht großes Schweigen.

Es ist anscheinend nur noch seichte Unterhaltung erwünscht.

Während der Franzose vermutlich auch noch für das Recht auf besseres Wetter Paris lahmlegen würde, lässt der Deutsche regieren. Nichtstun und hinterher meckern ist einfach bequemer. Selbst die Leute, die sich in Foren eifrig beteiligen, tauchen sofort ab, wenn es »ernst« wird.

Mir sagte mal jemand, der auf regionaler Ebene politisch tätig war, »Politik machen« sei nicht viel anders als jeder andere Verein auch. So, wie man zur Feuerwehr gehen kann, könne man auch zu einer Partei gehen und versuchen, etwas Sinnvolles zu machen.

Liegt vielleicht da das Problem? Auch Vereine beklagen mangelnden Zulauf, nehmen uns Fernseher und Internet die aktiven Bürger weg? Im *Focus* stand letztens das Ergebnis einer Umfrage, selbst die Studenten interessieren sich kaum noch für Politik, solange es nicht ihre Studiengebühren betrifft.

Im Scherz haben wir schon überlegt, ob man nicht den ganzen Parteiaufbau aufgeben sollte und stattdessen ein Online-Computerspiel daraus macht, Regierungs-SMS oder so ähnlich. Da hätte man mit Sicherheit mehr Zulauf …

Alexandra Ganz

POLITIK MIT FLATRATE Mein Vorschlag: Der Bundestag sollte auf beispielsweise 700 Sitze aufgestockt werden. Die Zahl der gewählten Abgeordneten wird allerdings über die Wahlbeteiligung festgelegt. Bei 70 Prozent Wahlbeteiligung besteht der Bundestag dann aus 490 Abgeordneten, bei 80 Prozent aus 560.

Die frei bleibenden Sitze werden mit einem andersfarbigen Überzug versehen, so haben die Politiker im Parlament immer vor Augen, wie viele oder wie wenige zur Wahl gegangen sind. Erst dann macht Nichtwählen Sinn.

Zusätzlich könnte man die Landeslisten mit der Wahlbeteiligung im jeweiligen Bundesland gewichten, sodass Bundesländer mit überdurchschnittlicher Wahlbeteiligung mehr Abgeordnete stellen würden, als ihnen von der Ländergröße her zustehen würden, bei unterdurchschnittlicher Wahlbeteiligung vice versa. Das Verfahren geht auch bei Landtagswahlen.

Nur so hätten Politiker und Parteien ein großes Interesse an einer hohen Wahlbeteiligung, heute verfügen sie ja über eine Art Flatrate. Das Bemühen um eine hohe Wahlbeteiligung würde wahrscheinlich quer durch alle Parteien deutlich steigen und das Interesse an Politik hoffentlich wieder zunehmen. »Politik ohne Volk« würde schwieriger.

Heinz Günther Engels, Radolfzell

DAS BÜRGER-PORTAL Auch ich habe seit Jahren mit dieser sogenannten Demokratie und dem Wirken unserer Politiker zu kämpfen. Die Möglichkeiten der Veränderung sind jedoch leider beschränkt.

Seit Anfang März habe ich die Seite www.buerger-portal.eu ins Internet gestellt. Ich weiß nicht, ob es eine hilflose oder naive Unternehmung von mir ist, über diese Seite etwas bewirken zu wollen, denke aber, dass es einen Versuch wert ist.

Leider fehlen mir als »kleinem Polizeibeamten« die finanziellen Mittel, über entsprechende Werbung die Seite einem großen Publikum präsentieren zu können. Falls Ihnen die Seite gefällt, wäre ich für Unterstützung in jeglicher Form sehr dankbar.

Thomas Wehrle

FALSCHWÄHLEN IST DAS GEBOT DER STUNDE Falschwählen ist das Gebot der Stunde. Dies wird von mir schon lange praktiziert.

Ich bin Demokrat und gehe zur Wahl. Leider ist das Angebot nicht gut. Also mache ich den Wahlzettel ungültig. Ich wollte wählen, aber nicht diese Parteien/Kandidaten. Schönes Beispiel: Der Bäcker an der Ecke merkt sofort, wenn jeder zweite Kunde den Laden betritt, das Sortiment ansieht, nichts kauft und den Laden verlässt.

Ich möchte erreichen, dass die »Partei« der Falschwähler fünf bis acht Millionen Mitglieder hat. Das wäre mal ein Ruck, der durch die Gesellschaft geht!

Dr. Wolfgang Krämer

DAS GRUNDGESETZ MUSS REFORMIERT WERDEN Die bundesdeutsche Parteien-Demokratie und das Grundgesetz müssen reformiert werden.

Das Grundgesetz muss sich auf die wesentlichen Dinge konzentrieren, und in ihm müssen die Bürger vor der staatlichen Verwaltung geschützt werden und nicht die staatliche Verwaltung vor dem Bürger, wie aktuell. Nebenbei: Die amerikanische Verfassung ist einschließlich der Ergänzungen nur etwa elf Seiten stark, was auch für das Grundgesetz ausreichend wäre, und sie verfolgt genau dieses Rechtsstaatsprinzip.

Zur bundesdeutschen Parteiendemokratie stimme ich Ihnen in allen Punkten zu: Das Wahlrecht ist wenig demokratiefreundlich, die Parteifürsten bestimmen die personelle Zusammensetzung des Parlaments. Der Souverän darf mit seiner Erst- und mit seiner Zweitstimme nur bestimmen, wie viel Parlamentsprozente auf die Parteien entfallen. Das führt wegen der Parteilisten dazu, dass der Souverän unerwünschte Politiker in den Parlamenten nicht verhindern kann. Schöne Beispiele sind die in den Ländern abgewählten Damen und Herren Steinbrück, Zypries, Klimt, Gabriel, Eichel, Scholz, Höhn etc., die ohne Wählervotum nur per Parteifürstenbeschluss in Berlin wieder auftauchen. Und sollte eine Partei sehr viele Erststimmen bekommen, dann werden auch noch munter »Überhangmandate« verteilt.

Deutschland braucht ein Wahlrecht, das den Bürgern erlaubt, die Besetzung der Parlamente zu bestimmen, und nicht den Parteifürsten.

Ebenso wie Sie möchte ich den Bundespräsidenten, unseren höchsten Repräsentanten, direkt wählen und auch das nicht mehr dem Parteiengezänk überlassen.

Auch in den anderen Punkten stimme ich Ihnen zu: weniger Parteien in den öffentlich-rechtlichen Unternehmen (Medien) und in der privaten Wirtschaft (VW). Dass diese Ideen den Herren Beckstein und Heil nicht gefallen, ist klar. Deren Macht wird schrumpfen, allerdings zum Wohle Deutschlands.

Rainer Küper

WENIGER BILDUNG Nach meiner Ansicht ist ein wesentlicher Grund für ein vermehrtes »Nicht zur

Wahl gehen« ein sich nahezu proportional entwickelnder Bildungsrückgang innerhalb der Bevölkerung. Ich halte die Verschlechterung der allgemeinen Bildung in der Bevölkerung schon für sehr bedenklich und befürchte, dass sich daran kurzfristig auch nichts ändern lässt.

Im Gegensatz zu Ihnen glaube ich eben, dass der Bevölkerungsanteil, der »sehr bewusst nicht wählt«, sehr überschaubar ist und dass neben der Bildungsfrage der Frust, die Enttäuschung, das Sich-ausgegrenzt-Fühlen, das »Nicht mehr wahrgenommen«-werden wesentlich stärkere Argumente sind.

Gerhard F. Hohm

PARTEIEN SIND BESSER ALS IHR RUF Ich habe in den Siebzigerjahren mit jungen Leuten in der DDR viel diskutiert und gestritten. Es ist mir mehrfach erwidert worden: »Wir haben das bessere System.« Der damals schon sehr unterschiedliche Entwicklungsstand war kein Grund, das eigene System abzulehnen. Die organisierten Jubelmassen waren keineswegs nur widerwillig gekommen, sondern nach meiner Beobachtung tatsächlich mit ihrer Situation sehr zufrieden.

Ich bin nun etwas älter und kann mich auch noch gut an die Zustimmung im Nationalsozialismus erinnern. Es zeigt sich demnach, dass der lückenlose Chor der Schule, der Zeitungen, des Fernsehens und auch der Literatur nicht ohne Wirkung war und ist. Man hat sich einfach wohlgefühlt, denn die Zukunft wurde

ja »überzeugend« erklärt. Man kann das in allen Dik-
taturen beobachten. Dass Leute in Schwierigkeiten
geraten, weil sie anders glauben oder sonst auf andere
Weise nicht hineinpassen, wird einfach ausgeblendet.
Der Erfolg der PDS in den neuen Bundesländern ist
nach meiner Überzeugung auch ein Indiz für die Sehnsucht nach überschaubaren Verhältnissen.

In einer Demokratie mit ihrem Konkurrenzverhält-
nis argumentieren politische Parteien entlang ihrer
Überzeugungen. Sie müssen Zukunft vorhersagen,
auch wenn allgemein die Ungewissheit groß ist, sie
sind moderne Propheten, deren Vorhersagen nach-
prüfbar sind – was religiösen Propheten erspart bleibt.
Demokratische Systeme sind Zumutungen für ihre
Wähler, denn diese müssen darüber entscheiden, welche Entwürfe zum Zuge kommen. Grob gesagt vertreten die Volksparteien in Deutschland insoweit unterschiedliche Konzepte, als die CDU mehr dem
konservativen Menschenbild zugewandt ist (Familie,
Ehe, Schule, Wirtschaft). Die SPD ist seit ihrer Gründung als Partei der Aufklärung verpflichtet (Frauen-
wahlrecht, Rechte der Arbeiter, Schulsysteme, Famili-
enpolitik). Beide Parteien haben aus der Geschichte
gelernt.

Die CDU saß in der Falle, als sie allzu lang zur Ostpo-
litik unfähig war oder auch die Zusammenführung von
Arbeitslosen- und Sozialhilfe nicht zustande brachte.
Die SPD hat lange gebraucht, bis sie zum Beispiel die
Westbindung und Nato akzeptiert hat. Sie ist auch
dem geschlossenen Chor der Wirtschaftsfachleute, die

eine weitgehende Lockerung der Geldflüsse angemahnt haben, erlegen – die Folgen sind zu besichtigen.

Gleichwohl haben beide Seiten, oft nach einem quälenden Prozess, es fertiggebracht, die Weichen richtig zu stellen. Ob die Steuerung der Krise gelingt, werden wir erst später erfahren. Was wir nicht brauchen sind Parteien, die ihre »Wahlversprechen« unter allen Umständen einhalten. Ich verlange von gewählten Politikern, sachgerecht zu handeln und ein »Wahlversprechen« zu vergessen, wenn sich die Umstände geändert haben. Nach jeder Wahl haben wir eine neue Lage.

Alle demokratischen Systeme haben ihre Geschichte und auch ihre Schwächen. Deutschland ist heute ein akzeptiertes und angesehenes Mitglied der Völkerfamilie Europas. Uns sind Unruhen der Einwanderer wie in Frankreich oder gar blutige Auseinandersetzungen mit Fanatikern wie in Spanien oder England erspart geblieben. Dieses System ist es wert, verteidigt zu werden.

Heinrich Mecke

GRUNDGESETZ, GENERALÜBERHOLT Entsprechend dem Versprechen des Art. 146 GG sollte das GG in eine Verfassung umgewandelt werden. [Dieses Grundgesetz, das nach Vollendung der Einheit und Freiheit Deutschlands für das gesamte deutsche Volk gilt, verliert seine Gültigkeit an dem Tage, an dem eine Verfassung in Kraft tritt, die von dem deutschen Volke in freier Entscheidung beschlossen worden ist.]

Was ist also zu machen?

1. Das Grundgesetz verändern und ergänzen
2. Das Grundgesetz in eine neue Verfassung umwandeln und die nachfolgenden Gesetze und politischen Grundsätze ändern:
   a) die verfassungsrechtliche Stellung der Parteien
   b) das Verhältniswahlrecht
   c) die direkte Wahl des Bundespräsidenten
   d) die Vergrößerung der Macht des Bundespräsidenten
3. Errichtung des Systems der »Bürgerdeputierten« im Bundestag

Es sollte geprüft werden, ob zuerst die Umwandlung und Ergänzung des bestehenden GG erfolgen sollte, bevor dieses ergänzte GG in die Verfassung umgewandelt werden kann.

Wie?

Dieser politische Akt der Willensbildung in Form einer demokratischen Revolution kann nur auf der Grundlage des Art. 20 des GG [...(4) Gegen jeden, der es unternimmt, diese Ordnung zu beseitigen, haben alle Deutschen das Recht zum Widerstand, wenn andere Abhilfe nicht möglich ist.] erfolgen. Ich unterstelle überspitzt den im Bundestag vertretenen Parteien, dass sie durch ihre egoistische Politik dabei sind, die noch bestehende Verfassungsordnung zu deformieren und danach zu beseitigen. Eine Aufgabe dieses Ziels ist nicht zu erwarten, und eine Abhilfe innerhalb der parlamentarischen Demokratie ist nicht möglich. Ein Vorschlag, auf dem Wege einer Petition innerhalb des scheinbaren parlamentarischen Systems eine Änderung zu erhoffen, kommt daher einer Säge gleich, die man den Politikern aushändigen sollte, damit sie den Ast absägen, auf dem sie sitzen.

Weil Abhilfe auf diesem Wege leider nicht möglich ist, hat jeder Bürger das Recht zum Widerstand. Nach dem Motto »Da, wo Ungerechtigkeit zur Maxime wird, wird Widerstand zur Pflicht!« kann nur durch eine breite Widerstandsbewegung außerhalb des Parlamentarismus durch zivilen Ungehorsam das Ziel erreicht werden.

Was im Einzelnen?

1. Der Artikel 21 des Grundgesetzes sollte neben den Parteien auch Wählergemeinschaften die Mitwirkungspflicht bei der politischen Willensbildung einräumen. Daher sollten die nachfolgend vorgeschlagenen Änderungen erfolgen:
   (1) Die Parteien und Wählergemeinschaften wirken bei der politischen Willensbildung des Volkes mit. Ihre Gründung ist frei. Ihre innere Ordnung muss demokratischen Grundsätzen entsprechen. Sie müssen über die Herkunft und Verwendung ihrer Mittel sowie über ihr Vermögen öffentlich Rechenschaft geben.
   (2) Parteien und Wählergemeinschaften, die nach ihren Zielen oder nach dem Verhalten ihrer Anhänger darauf ausgehen, die freiheitliche

demokratische Grundordnung zu beeinträchtigen oder zu beseitigen oder den Bestand der Bundesrepublik Deutschland zu gefährden, sind verfassungswidrig. Über die Frage der Verfassungswidrigkeit entscheidet das Bundesverfassungsgericht.

(3) Das Nähere regeln Bundesgesetze.

2. In den Artikeln 54, 56 und 65 a des GG sollte die direkte Wahl des Bundespräsidenten und die Erweiterung seiner Kompetenzen vorgeschrieben werden. Die nachfolgend ausgeführten Streichungen und Ergänzungen zeigen eine Möglichkeit auf.

Artikel 54

(1) Der Bundespräsident wird durch die Gesamtheit aller Wahlberechtigten in freier, gleicher und geheimer Wahl ohne Aussprache von der Bundesversammlung gewählt. Wählbar ist jeder Deutsche, der das Wahlrecht zum Bundestage besitzt und das vierzigste Lebensjahr vollendet hat.

(2) Das Amt des Bundespräsidenten dauert fünf (acht) Jahre. Anschließende Wiederwahl ist nur einmal zulässig.

(3) Die Bundesversammlung besteht aus den Mitgliedern des Bundestages und einer gleichen Anzahl von Mitgliedern, die von den Volksvertretungen der Länder nach den Grundsätzen der Verhältniswahl gewählt werden.

(4) Die direkte Wahl des Bundespräsidenten muss Bundesversammlung tritt spätestens dreißig Tage vor Ablauf der Amtszeit des Bundespräsidenten, bei vorzeitiger Beendigung spätestens dreißig Tage nach diesem Zeitpunkt erfolgen zusammen. Sie wird von dem Präsidenten des Bundestages angeordnet einberufen.

(5) Nach Ablauf der Wahlperiode beginnt die Frist des Absatzes 4 Satz 1 mit dem ersten Zusammentritt des Bundestages.

(6) Gewählt ist, wer die Stimmen der Mehrheit der wahlberechtigten Mitglieder der Bundesversammlung erhält. Wird diese Mehrheit im ersten Wahlgang von keinem Bewerber erreicht, so ist gewählt, wer in einem weiteren Wahlgang die meisten Stimmen auf sich vereinigt.

(7) Das Nähere regelt ein Bundesgesetz.

Artikel 56

Der Bundespräsident leistet bei seinem Amtsantritt vor den versammelten Mitgliedern des Bundestages und des Bundesrates folgenden Eid: ...

Artikel 65a

Der Bundespräsident ist in Friedenszeiten Inhaber der Befehls- und Kommandogewalt über die Streitkräfte, er kann die mittelbare Befehls- und Kommandogewalt an den Bundesminister für Verteidigung übertragen.

Der Bundesminister für Verteidigung hat die Befehls- und Kommandogewalt über die Streitkräfte.

3. Das auf der Grundlage des Art. 38 GG basierende Bundeswahlgesetz sollte grundlegend verändert werden. Die Vermischung des Verhältniswahlrechts mit dem Mehrheitswahlrecht sollte beendet werden. Die Wahlbezirke sollten hinsichtlich einer einheitlich großen Wähleranzahl neu zugeschnitten und die Landeslisten der Parteien abgeschafft werden.
Zusätzlich sollte der Bürgerdeputierte in die Verfassung eingebracht werden. Was ein Deputierter ist, kann aus dem nachfolgenden Änderungsvorschlag zum Bundeswahlgesetz entnommen werden.

§ 1 Zusammensetzung des Deutschen Bundestages und Wahlrechtsgrundsätze
  (1) Der Deutsche Bundestag besteht vorbehaltlich der sich aus diesem Gesetz ergebenden Abweichungen aus 598 Abgeordneten oder Deputierten. Die Abgeordneten werden in allgemeiner, unmittelbarer, freier, gleicher und geheimer Wahl von den wahlberechtigten Deutschen nach den Grundsätzen einer mit der Personenwahl verbundenen Verhältniswahl gewählt.
  (2) Von den Abgeordneten des Bundestages werden 299 nach Kreiswahlvorschlägen in den Wahlkreisen und die übrigen nach Landeswahlvorschlägen (Landeslisten) gewählt.
  (3) Die durch Nichtwahrnehmung des Wahlrechtes

freien Prozente aller Wähler werden nicht den Parteien und Wählervereinigungen gutgeschrieben, sie werden an Deputierte vergeben.

(4) Alle Deputierte werden in allgemeiner, unmittelbarer, freier und gleicher Auswahl nach dem Zufallsprinzip aus dem Melderegister der Wahlkreise gewählt.

(5) Näheres regelt das Gesetz über die Deputierten des Bundestages, der Landtage und der kommunalen Parlamente.

§ 4 Stimmen
Jeder Wähler hat zwei Stimmen, eine Erststimme für die Wahl eines Wahlkreisabgeordneten, eine Zweitstimme für die Wahl einer Landesliste.

§ 6 Wahl nach Landeslisten (ersatzlos gestrichen)

4. Änderung des Parteiengesetzes in ein Parteien- und Wählergemeinschaftengesetz
Hinsichtlich der verfassungsrechtlichen Einführung der Wählergemeinschaften und der Deputierten muss das Parteiengesetz angepasst werden. Besondere Beachtung sollte dabei der § 2 PartG finden.

(1) Parteien und Wählergemeinschaften sind Vereinigungen von Bürgern, die dauernd oder für längere Zeit für den Bereich des Bundes oder eines Landes auf die politische Willensbildung Einfluss nehmen und an der Vertretung des Volkes im Deutschen Bundestag oder in einem Landtag

mitwirken wollen, wenn sie nach dem Gesamt-
bild der tatsächlichen Verhältnisse, insbesondere
nach Umfang und Festigkeit ihrer Organisation,
nach der Zahl ihrer Mitglieder und nach ihrem
Hervortreten in der Öffentlichkeit eine ausrei-
chende Gewähr für die Ernsthaftigkeit dieser
Zielsetzung bieten. Mitglieder einer Partei oder
einer Wählergemeinschaft können nur natürliche Personen sein.

(2) Eine Vereinigung verliert ihre Rechtsstellung als
Partei oder Wählergemeinschaft, wenn sie sechs
Jahre lang weder an einer Bundestagswahl noch
an einer Landtagswahl mit eigenen Wahlvor-
schlägen teilgenommen hat.

(3) Politische Vereinigungen sind nicht Parteien oder
Wählergemeinschaften, wenn

1. ihre Mitglieder oder die Mitglieder ihres Vor-
standes in der Mehrheit Ausländer sind oder

2. ihr Sitz oder ihre Geschäftsleitung sich außerhalb des Geltungsbereichs dieses Gesetzes befin-
det.

5. Der Deputierte

Nach dem Duden ist der Deputierte *auch* ein Abgeordneter. Die Bezeichnung als Deputierter sollte nur
klarstellen, dass dieser nicht während des Wahlgangs
durch die Wähler, sondern nach der Wahl aus der Liste
der gemeldeten Bürger, nach dem Zufallsprinzip, aus-
gewählt wurde. [(lat.) Abgeordnete, mit einem politischen Auftrag versehene Personen. In verschiedenen

Ländern Bezeichnung für die Mitglieder des Parlamentes.]

Voraussetzung, um auf die Liste der Deputierten zu kommen, ist analog der des Abgeordneten.

Die Rechte und Pflichten des vorgeschlagenen Deputierten:

a) der aus dem Wählerverzeichnis vorgeschlagene (durch einen Zufallsgenerator ausgesuchte) Deputierte kann beim Vorliegen bestimmter Gründe, die dem eines Schöffen entsprechen, die Wahl ausschlagen;

b) der Deputierte hat die gleichen Rechte und Pflichten wie die gewählten Abgeordneten;

c) die Deputierten bilden im Parlament eine Fraktion;

d) die Fraktion der Deputierten hat die gleichen Rechte und Pflichten wie die übrigen Fraktionen;

e) ...

Die Stellung des Deputierten sollte durch unabhängige Staatsrechtler ausgearbeitet werden. Dabei sollte im Vordergrund die Unabhängigkeit von den Parteien stehen. Fragen, inwieweit sich der Deputierte den Vorschlägen einzelner Parteien anschließen kann, sollten genau analysiert werden. Es sollte nicht vergessen werden, das die aus dem Volke kommenden Deputierten gegenüber den langjährigen Berufspolitikern in vielen Punkten benachteiligt sind (Cleverness, Intrigen, Hinterlist, Unfairness), sie sollten durch gesetzliche Bestimmungen innerhalb des Deputiertengesetzes geschützt werden.

Nachbemerkung: Meine Vorschläge und Ideen sollten Anreiz zu weiteren fruchtbaren Gedanken geben. Ich erhebe nicht den Anspruch auf Vollständigkeit, Richtigkeit oder Unfehlbarkeit meiner Ideen.

Michael Holz

WUS – WÄHLENDER, UNZUFRIEDENER STAATSBÜRGER Seit Jahren haben wir das Problem, dass der »Wahlbürger« seine Unzufriedenheit über Stoiber bis Lafontaine, Westerwelle bis Claudia Roth, Schröder bis Merkel etc. nicht wirklich artikulieren und dokumentieren kann. Es fehlt die Möglichkeit, bei einer Gruppierung namens WuS – wählender, unzufriedener Staatsbürger – ankreuzen zu können. Mit dem Kreuz könnte der Wähler Folgendes dokumentieren:

Ich gehe zur Wahl und nehme meine Staatsbürgerpflicht, die ja auch ein Recht ist, bewusst wahr. Ich erhöhe durch meinen Wahlgang einerseits die Anzahl der abgegebenen gültigen Stimmen und verhindere damit, dass Radikale die Fünfprozentgrenze überschreiten. Andererseits zeige ich aber, indem ich alleinig WuS markiere, dass ich das bin, was man, ohne es wirklich zu wissen, häufig »Protestwähler« nennt. Nun wüsste man es wirklich!

Ich sage den »etablierten Parteien« eindeutig, dass ich mit ihnen völlig unzufrieden bin, aber keine Lust habe und es für falsch halte, meinen Unmut dadurch zu dokumentieren,

a) nicht zur Wahl zu gehen (Radikale, die ich verhindern möchte, gehen immer!),
b) die NPD oder eine linksradikale Partei zu wählen, um »die da oben« zu schocken,
c) eine idiotische Spaß-Splittergruppe zu wählen und wie ein Depp zu erscheinen,
d) neue »eigenartige Wahlbündnisse Lafontaine-Gysi« aus Protest zu wählen,
e) eine ungültige, aber zählende Stimme abzugeben, als ob ich doof wäre.

Den Wählern ist normalerweise kaum bekannt, dass fehlerhaft ausgefüllte Wahlzettel immerhin die Anzahl der abgegebenen Stimmen erhöhen. Ein unglücklicher Umweg!

Ich möchte aber auch nicht, dass ich dauernd von den etablierten Parteien diejenige wähle, die ich gerade als das aus meiner Sicht »kleinste Übel« betrachte, die aber aus ihrer Sicht meine Stimme vereinnahmt, als sei ich nahezu ein Fan dieser Partei. Das sollte den Wählern überlassen sein, die wirklich mit innerer Überzeug diese jeweilige Partei wählen.

Was spricht dagegen, dem Wahlbürger diese Möglichkeit zu eröffnen und sich dafür einzusetzen? Ich glaube, diese Ankreuzungsmöglichkeit würde zu 10 bis 25 Prozent genutzt werden. Die etablierten Parteien würden endlich klarer sehen, was der verantwortungsbewusste Wähler wirklich denkt. Dann könnten sie auch Strategien entwickeln, diese nun genau erkennbare Wählergruppe für sich zu gewinnen, statt dauernd wild zu spekulieren (gilt auch für Presse, Radio und TV), wie groß diese eigentlich wirklich ist.

Jens Wulf

NICHTWÄHLER BERÜCKSICHTIGEN Wenn die Nichtwähler über die Fünfprozentmarke kommen, dann sollten sie bei der Sitzverteilung in den Parlamenten berücksichtigt werden. Die »Neutralen« sollten einen »leeren Platz« erhalten. Das steht ihnen zu!

Horst Fracke, Berlin

ERSTARRTES DEUTSCHLAND Die Demokratie muss erneuert werden! Gewiss. – Die Parteien haben das Vertrauen der Bevölkerung verloren! So sehen es viele, aber in dieser Lesart scheint mir eine gefährliche Selbsttäuschung zu liegen. Ob wir es wahrhaben wollen oder nicht, die Parteien und die Klasse der Politiker eines Landes sind ein Spiegelbild des Volkes des betreffenden Landes. Vielleicht mit der einen oder anderen Verzerrung, aber im Wesentlichen ein Spiegelbild. Wenn wir also die Demokratie erneuern wollen, wenn wir uns aus der Erstarrung befreien wollen, die uns heute gefangen hält, dann müssen wir, das Volk, zuerst in den Spiegel schauen und uns selbst erneuern.

Um in der heutigen Welt in konstruktiver Weise politisch engagierte Bürger sein zu können, um die komplexen Zusammenhänge und Probleme dieser Welt und unseres eigenen Ichs auch nur annähernd verstehen zu können, müssen wir alle ein enormes Lernpensum bewältigen. Wie privilegiert auch unser Elternhaus, wie gut unsere Schule gewesen sein mag, keiner von uns hat in seiner Kindheit und während seiner formalen Ausbildungszeit das dafür erforderliche Rüstzeug fertig mit auf den Weg bekommen. Wenn wir Glück hatten, haben wir die Voraussetzungen für eine eigenständige Weiterentwicklung als Mitgabe erhalten.

Ich sehe das politische Geschehen in Deutschland aus der Ferne, aus der brasilianischen Hafenstadt Santos. Von diesem Standort aus bin ich bemüht, das politische Leben vierer Länder zu verfolgen, die mir am Herzen liegen und die ich sozusagen aus der Nähe kenne: Deutschland, mein Ursprungsland; Brasilien, meine Wahlheimat; Frankreich und die USA, in denen ich mit Frau beziehungsweise Frau und Kindern zwischenzeitlich gelebt und gearbeitet habe. Bei allen beträchtlichen Unterschieden zwischen diesen Ländern, das Phänomen einer erstarrenden oder erstarrten Demokratie ist ihnen allen gemein.

Es scheint mir, die bestimmenden Faktoren des gegenwärtigen Zustands dieser Starre sind überall die gleichen: die tiefgreifenden Veränderungen unserer Lebensweise, bedingt durch den Technologiewandel ab Mitte des 20. Jahrhunderts, durch den Zusammenbruch des Sowjetimperiums und den anschließenden Wegfall des Eisernen Vorhangs, und durch den daraus resultierenden enormen Globalisierungsschub. Meinen Eindruck vom Wirken dieser Faktoren möchte ich hier zur Debatte stellen.

Unser Lebenstempo hat sich rasend beschleunigt, der Leistungsdruck brutal erhöht. Gleichzeitig haben wir den Glauben an alte, überkommene Werte verloren, aber nichts Neues, Besseres oder zumindest Gleichwertiges an ihre Stelle gesetzt. Dadurch sind wir innerlich hohl geworden. Unsere sozialen Bindungen – Gemeinde, Nachbarschaft, Freunde, sogar Familie – haben sich gelockert, wir sind immer mehr zu Einzelwesen geworden. Wir haben immer weniger Raum für Kunst und Kultur, fühlen uns stattdessen zum einen gehalten, immer mehr sachliche Information aufzunehmen und einzuordnen.

Zum anderen lassen wir uns aus Bequemlichkeit mit wertlosem Ballast, wenn nicht Müll vollstopfen. Zusammenfassend, wir haben das Menschsein weitgehend verlernt, sind zunehmend zu lebenden Maschinen, Computern geworden. An die Stelle des universal Gebildeten tritt zunehmend der Fachidiot.

Gleichzeitig sind die Entscheidungen und Weichenstellungen, die ein Staatswesen – also die Politik – zu treffen hat, um ein Vielfaches umfangreicher und komplexer geworden. Der einzelne Bürger ist – wie bereits oben angedeutet – immer weniger in der Lage, den Entscheidungsspielraum zu verstehen und zu beurteilen, in dem sich seine gewählten Vertreter in Legislative und Exekutive bewegen müssen. Dementsprechend beschränkt sich die politische Meinungsbildung des Bürgers – und damit seine Meinungsäußerung gegenüber seinen Vertretern, einschließlich bei Wahlen – auf einen relativ immer enger werdenden

Horizont. So entsteht das diffuse Gefühl der Ohnmacht: »Ich werde ja nicht gefragt, ich kann ja doch nichts machen.«

Der Ausdruck »Erstarrung« ist überaus treffend gewählt. Der äußerste Grad davon ist bekanntlich »rigor mortis«, die Leichenstarre. Vor dem Hintreiben auf dieses Endstadium kann uns meines Erachtens nur eine gigantische Anstrengung zu einer grundlegenden Erneuerung unseres Erziehungswesens bewahren. Damit eine globalisierte Welt funktionieren kann, bedarf es einer »gebildeten Weltbevölkerung«, eines neuen Bildungsbürgertums. Was wir gegenwärtig betreiben, ist »mass education« und hat mit Bildung wenig zu tun. Das Schwergewicht liegt auf Masse, nicht auf Ausbildung, geschweige denn Bildung. Das gedachte neue Erziehungswesen muss mit einer Neudefinition menschlicher Werte beginnen. Die Erziehung muss beim Neugeborenen anfangen, denn: »Was Hänschen nicht lernt, lernt Hans nimmermehr.«

Wir, das sind diejenigen, die sich bereits mit diesem Thema auseinandersetzen, darüber lesen, darüber diskutieren. Wir müssen uns zusammenschließen, vernetzen, um uns gegenseitig zu unterstützen, zu inspirieren, zu potenzieren und neue Weggefährten hinzuzugewinnen. Ich denke, die Internetseite »Demokratie-Erneuern.de« ist eine hervorragende und vielversprechende Initiative in diesem Sinne. Ich wünsche ihr viel Erfolg und werde versuchen, dazu beizutragen, so gut ich kann.

Wolfgang Aurbach, z. Zt. Santos, Brasilien

NICHT BEKLAGEN   Wer nicht wählt, darf sich hinterher nicht beklagen. Vielmehr sollte man den Parteien zu verstehen geben, was einem am Kurs nicht gefällt, und seine Stimme bewusst einsetzen – auch gegen meine eigene Partei, wenn ich in einer bin. Ich muss die Freiheit haben zu sagen: »Nein, so nicht.«

Die Basis muss auch einmal aufmucken, um an der Spitze etwas verändern zu können. Heute ist so viel Konflikt in den Parteien, dass gar keine politischen Gegner mehr gebraucht werden. Das schreckt viele ab. Die Leute haben kein Interesse mehr an alten Strukturen und wollen konkret mitbestimmen. Dazu benötigt man zündende Ideen, die es heute selten gibt.

Heinz Löffler

WER VERTRITT MICH?   Auch ich bin verdrossen, und zwar sowohl parteien- als auch politik- und politiker-verdrossen. Abgeordnete, die in ihrer Abstimmung nicht ihrem Gewissen, sondern der Anweisung der Fraktionsführung folgen, sind nicht Vertreter des Volkes, sondern Vertreter ihrer Parteien.

Abgeordnete, die nicht direkt gewählt wurden, sondern über ihren Listenplatz ins Parlament gekommen sind, sind nicht Vertreter des Volkes, sondern Vertreter ihrer Parteien. Abgeordnete, die unter dem Einfluss von Lobbyisten (damit meine ich diejenigen von wirtschaftlich mächtigen Verbänden und Interessenvertretungen) Entscheidungen treffen, sich Redebeiträge oder Argumentationshilfen von ihnen liefern lassen, vertreten nicht das »Volk«, sondern eben die Interessen einiger weniger (und möglicherweise die eigenen, wenn nach Ende der politischen Karriere schon das warme Nest wartet).

Dazu kommt, dass im Wahlkampf politische Absichten verkündet werden, die nach der Wahl keinerlei Bedeutung mehr haben. Ich kann nicht »wählen«, wenn das, was mir zur Entscheidung vorgelegt wird, nach der Wahl nicht mehr gilt.

Ich fühle mich von »den Volksvertretern« nicht vertreten und ich habe bei vielen den Verdacht, dass es ihnen nicht um das Wohl des Volkes, sondern nur um das eigene geht.

Ingrid Linke

MEIN TRAUM   Die reine Nichtwahl ist dumm. Sie unterscheidet nicht zwischen Protestlern und Trägen. Richtig ist die ungültige Wahl. 30 Prozent ungültiger Stimmen, das wäre mein Traum.

Manfred Korte, Neustadt

YES WE CAN   Merkels Fahnenworte sind »Wir müssen den Anschein erwecken«. Das sagt sie vielleicht genauso wenig wie Derrick »fahr schon mal den Wagen vor«, aber das ist es, was man hört.

Das mit Obama liegt aber nicht am amerikanischen System. Die hatten auch lange ihre Präsidenten mehr oder weniger zweifelhafter Qualität, bis zum unterirdi-

schen George W. Bush. Ohne Obama wäre der Vor-
wahlkampf auch langweilig gewesen: Hillary Clinton
gegen John McCain – kein »Yes we can«, sondern
zwei langjährige Bekannte für die Wähler. Obama ist
dran, weil die Wähler wussten, so geht's nicht weiter –
und weil sie den Glücksfall hatten, dass auch jemand da
war, in den sie diesen Wunsch nach Wandel projizieren
konnten.

Ein Mehrheitswahlrecht hilft übrigens auch nicht,
die Leute zu begeistern. Meine englischen Kollegen
verfluchen es, denn sie können nur zwischen Labor
und Tory wählen, obwohl sie beide Parteien hassen
(als klassisches Gefangenendilemma). Das Verhältniswahlrecht erlaubt es zumindest prinzipiell, die Parteienlandschaft über den Haufen zu werfen, aber damit
es Wandel und Erneuerung gibt, müssen auch Leute
da sein, die sie vertreten.

Dass es die nicht gibt, liegt nicht nur daran, dass wir
hier so Schlafhauben sind. Es liegt auch daran, dass wir
die letzten acht Jahre keine Katastrophe im Amt hatten
wie die Amerikaner. Da baut sich kein Widerstand auf.

Bernd Paysan

Danksagung

Mein besonderer und daher erster Dank gilt dem
scheidenden Verleger des Piper Verlags, Wolfgang
Ferchl, der dieses Buch nicht nur begleitet, sondern
befeuert hat. Ich werde unsere Gespräche in München,
Berlin und Hamburg und die gemeinsamen Tage in
Washington in dankbarer Erinnerung behalten. Seine
Einsatzfreude und sein Ideenreichtum waren und sind
beeindruckend. Beides hat, so hoffe ich, auf dieses
Buch abgefärbt.

Zu außerordentlichem Dank verpflichtet bin ich
auch Ulrich Wank, der als Lektor, erster Leser und kri-
tischer Fragensteller von unschätzbarem Wert war.
Politische Bücher brauchen politisch und historisch
beschlagene Lektoren wie ihn. Davon bin ich nach diesem, unserem vierten gemeinsamen Buch mehr denn je
überzeugt.

Nicht missen möchte ich die anregenden Diskussio-
nen mit Wolfgang Nowak, der sich neben seiner
Arbeit als Geschäftsführer der Alfred-Herrhausen-Gesellschaft die Zeit nahm, dieses Buch mit Erinnerun-

gen an seine politisch aktive Zeit im Kabinett Kurt Biedenkopf und im Kanzleramt des Gerhard Schröder zu bereichern. Sein reger Geist und seine Formulierungslust faszinieren jeden, der ihn erlebt hat. Von ihm habe ich viel gelernt – und manches geklaut.

Zu jedem Buch gehören freundschaftliche Wegbegleiter, die Anteil nehmen, die widersprechen, anregen, warnen, ermutigen, die das Projekt des anderen zu ihrem machen. Zu danken habe ich den *Spiegel*-Kollegen Jan Fleischhauer, Hans Halter, Bernd Musa und Gregor Peter Schmitz. Ihre Hilfe und Unterstützung waren mehr als wertvoll. Ohne ihren Widerspruchsgeist und ihr Sprachgefühl wären Buch und Buchautor ärmer.

Damit ein Autor überhaupt Autor sein kann, sich also nicht ständig mit weltlichen Dingen wie Vertragsangelegenheiten, Klappentexten, Marketingbudgets, Auslandsrechten und dem Organisieren von Lesungen befassen muss, hat man den Beruf des Literaturagenten erfunden. Ich danke Bettina Keil für ihre jahrelange Treue und den nimmermüden Einsatz. Sie lebt für ihre Autorinnen und Autoren, hat zusammen mit ihrer Schwester Anja im Hamburger Schanzenviertel eine kleine Bestseller-Fabrik errichtet. Kompliment!

Ich danke Eva Brenndörfer für ihre engagierte Pressearbeit und Birgit Politycki, die mit ihrem Literatur- und Pressebüro die dreiwöchige Lesereise 2009 organisierte. Sie hat mit Fleiß, Charme und Beharrlichkeit echte Präzisionsarbeit geleistet.

Dieses Buch bleibt mit allen Vorzügen und Schwächen mein Buch. Aber es wäre nicht möglich ohne die außergewöhnliche journalistische Kultur, die Rudolf Augstein geschaffen hat und die im *Spiegel* bis heute weiterlebt. Auflage ist wichtig, aber geht nicht über alles. Widerspruch wird nicht nur geduldet, sondern im Regelfall verlangt. Der Journalist ist Reporter von Wirklichkeit, aber nicht nur. »Ich glaube, dass ein leidenschaftlicher Journalist kaum einen Artikel schreiben kann, ohne im Unterbewusstsein die Wirklichkeit verändern zu wollen«, hat Augstein einst gesagt.

Seit ich als 28-Jähriger mein erstes Manuskript im 11. Stock des Hamburger *Spiegel*-Hochhauses ablieferte, hat sich manches verändert, aber eines nicht: Es ist eine Ehre, dabei zu sein.

Literaturliste

Aly, Götz: *Unser Kampf 1968*. Frankfurt am Main: S. Fischer Verlag, 2008

Arendt, Hannah: *Was ist Politik?* München: Piper Verlag, 2003

Baring, Arnuf: *Scheitert Deutschland? – Abschied von unseren Wunschwelten*. Stuttgart: Deutsche Verlags-Anstalt, 1997

Beck, Ralf: *Der Traurige Patriot – Sebastian Haffner und die Deutsche Frage*. Berlin-Brandenburg: be.bra wissenschaft verlag, 2005

Beck, Ulrich: *Was zur Wahl steht*. Frankfurt am Main: Suhrkamp Verlag, 2005

Bernays, Edward: *Propaganda*. Brooklyn, New York: igPublishing, 2005

Beyme, Klaus von: *Die Politischen Theorien der Gegenwart*. München: R. Piper & Co. Verlag, 1972

Blumenthal, Sidney: *The Permanent Campaign – Inside the World of Elite Political Operatives*. Boston: Beacon Press, 1980

Broder, Henryk: *Hurra, wir kapitulieren!* Berlin: WJS Verlag, 2006

Broder, David S.: *Democracy Derailed: Initiative Campaigns and the Power of Money*. San Diego, New York, London: Harcourt, 2000

Bude, Heinz: *Die Ausgeschlossenen – Das Ende vom Traum einer gerechten Gesellschaft*. München: Carl Hanser Verlag, 2008

Crouch, Colin: *Postdemokratie*. Frankfurt am Main: Suhrkamp Verlag, 2008

Dieckmann, Christoph: *Volk bleibt Volk – Deutsche Geschichten.* Berlin: Christoph Links Verlag, 2001

Dörner, Andreas: »Diagnosen und Prognosen zum Kontextwandel parteipolitischen Handelns«. In: *Zeitschrift für Parlamentsfragen,* Dezember 2002

Elias, Norbert: *Studien über die Deutschen – Machtkämpfe und Habitusentwicklung im 19. und 20. Jahrhundert.* Frankfurt am Main: Suhrkamp Verlag, 1989

Ellwein, Thomas; Hesse, Joachim Jens: *Der überforderte Staat.* Baden-Baden: Nomos Verlagsgesellschaft, 1994

Erhard, Ludwig: *Gedanken, Reden und Schriften.* Düsseldorf, Wien, New York: Econ Verlag, 1988

Fest, Joachim: *Nach dem Scheitern der Utopien – Gesammelte Essays zu Politik und Geschichte.* Reinbek bei Hamburg: Rowohlt Verlag, 2007

Goldhagen, Daniel Jonah: *Hitlers willige Vollstrecker – Ganz gewöhnliche Deutsche und der Holocaust.* Berlin: Siedler Verlag, 1996

Gorz, André: *Und jetzt wohin?* Berlin: Rotbuch Verlag, 1991

Gross, Johannes: *Nachrichten aus der Berliner Republik – 1995–1999.* Berlin: Berliner Taschenbuch Verlag, 2002

Grundgesetz für die Bundesrepublik Deutschland. 48., neubearbeitete Auflage, Stand: 1. August 1985. München: C.H. Beck'sche Verlagsbuchhandlung, 1985

Haas, Melanie: »Auswirkungen der Großen Koalition auf das Parteiensystem«. In: *Aus Politik und Zeitgeschichte* Nr. 35–36, 2007

Habermas, Jürgen: *Der gespaltene Westen.* Frankfurt am Main: Suhrkamp Verlag, 2004

Habermas, Jürgen: *Zeitdiagnosen – Zwölf Essays.* Frankfurt am Main: Suhrkamp Verlag, 2003

Haffner, Sebastian: *Anmerkungen zu Hitler.* Frankfurt am Main: Fischer Taschenbuch Verlag, 1981

Haffner, Sebastian: *Die deutsche Frage – 1950–1961: Von der Wiederbewaffnung bis zum Mauerbau.* Frankfurt am Main: Fischer Taschenbuch Verlag, 2003

Haffner, Sebastian: Die *sieben Todsünden des Deutschen Reiches im Ersten Weltkrieg.* Bergisch Gladbach: Gustav Lübbe Verlag, 1964

Haffner, Sebastian: *Geschichte eines Deutschen – Die Erinne-*

rungen 1914–1933. Stuttgart/München: Deutsche Verlags-Anstalt, 2000

Harpprecht, Klaus: *Auf der Höhe der Zeit? – Journalismus, der schönste, der schrecklichste aller Berufe.* Wien: Picus Verlag, 2005

Hayward, Steven F.: *Churchill on Leadership – Executive Success in the Face of Adversity.* New York: Gramercy Books, 2004

Heinrich, Roberto; Lübker, Malte; Biehl Heiko: *Parteimitglieder im Vergleich, Partzipation und Repräsentation – Kurzfassung des Abschlussberichtes zum gleichnamigen DFG-Bericht.* Universität Potsdam, 2002

Herrmann, Horst: *Martin Luther – Eine Biographie.* Berlin: Aufbau Taschenbuch Verlag, 2003

Hobbes, Thomas: *Leviathan – Erster und zweiter Teil.* Stuttgart: Reclam, 1970

Huntington, Samuel P.: *Who are We – Die Krise der amerikanischen Identität.* Hamburg: Europa Verlag, 2004

Jaspers, Karl: *Wohin treibt die Bundesrepublik?* München: R. Piper & Co. Verlag, München, 1966

Kagan, Robert: *Die Demokratie und ihre Feinde – Wer gestaltet die neue Weltordnung?* München: Siedler Verlag, 2008

Kagan, Robert: *Macht und Ohnmacht – Amerika und Europa in der neuen Weltordnung.* Berlin: Siedler Verlag, 2003

Keese, Christoph: *Verantwortung jetzt.* München: C. Bertelsmann Verlag, 2006

Kichel, Karl Markus; Spengler, Tilman: *Kursbuch 117 – Das Volk, der Souverän.* Berlin: Rowohlt, 1994

Klein, Joe: *Politics Lost – How American Democracy was Trivialized by People who think You're stupid.* New York: Doubleday, 2006

Klessmann, Christoph: *Die doppelte Staatsgründung – Deutsche Geschichte 1945–1955.* Bonn: Bundeszentrale für politische Bildung, 1986

Leinemann, Jürgen: *Höhenrausch – Die wirklichkeitsleere Welt der Politiker.* München: Karl Blessing Verlag, 2004

Maaz, Hans Joachim: *Der Gefühlsstau – Ein Psychogramm der DDR.* Berlin: Argon Verlag, 1990

Malzahn, Claus Christian: *Deutschland, Deutschland – Kurze*

Geschichte einer geteilten Nation. München: Deutscher Taschenbuch Verlag, 2005

Mann, Heinrich: *Der Untertan.* Frankfurt am Main: S. Fischer Verlag, 1919

Mann, Thomas: *Betrachtungen eines Unpolitischen.* Berlin: S. Fischer Verlag GmbH, 1918

Massing, Peter; Breit, Gotthard (Hrsg.): *Demokratietheorien – Von der Antike bis zur Gegenwart – Texte und Interpretationshilfen.* Schwalbach/Ts.: Wochenschau Verlag, 2005

McCain, John; Salter, Mark: *Why Courage Matters – The Way to a braver Life.* New York: Random House, 2004

Merseburger, Peter: *Rudolf Augsein – Biographie.* München: Deutsche Verlags-Anstalt, 2007

Merz, Friedrich: *Mehr Kapitalismus wagen – Wege zu einer gerechten Gesellschaft.* München: Piper Verlag, 2008

Mill, John Stuart: *Über die Freiheit.* Stuttgart: Reclam, 1974

Moellers, Christoph: *Demokratie – Zumutungen und Versprechen.* Berlin: Verlag Klaus Wagenbach, 2008

Mohr, Reinhard: *Das Deutschlandgefühl – Eine Heimatkunde.* Reinbek bei Hamburg: Rowohlt Verlag, 2005

Naumann, Michael: »Wohin treibt die SPD?« In: *Die Zeit,* 27.3.2008

Neu, Viola: *Die Mitglieder der CDU – Eine Umfrage der Konrad-Adenauer-Stiftung.* Sankt Augustin u. a.: Konrad-Adenauer-Stiftung 2007

Obama, Barack: *The Audacity of Hope – Thoughts on Reclaiming the American Dream.* New York: Crown Publishers, 2006

Plessner, Helmut: *Die verspätete Nation – Über die politische Verfügbarkeit bürgerlichen Geistes.* Frankfurt am Main: Suhrkamp Taschenbuch, 1974

Popper, Karl R.: *Auf der Suche nach einer besseren Welt – Vorträge und Aufsätze aus dreißig Jahren.* München: R. Piper GmbH & Co. KG, 1984

Popper, Karl R.: *Die offene Gesellschaft und ihre Feinde, Band 2: Falsche Propheten – Hegel, Marx und die Folgen.* Bern: Francke Verlag, 1958

Potthoff, Heinrich; Miller, Susanne: *Kleine Geschichte der SPD – 1848–2002.* Bonn: Verlag Neue Gesellschaft, 2002

Prantl, Heribert: *Kein schöner Land – Die Zerstörung der*

sozialen Gerechtigkeit. München: Droemer Knaur Verlag, 2005

Recker, Marie-Luise (Hrsg.): *Politische Reden 1792–1990, Band 4: 1945–1990*. Frankfurt am Main: Deutscher Klassiker Verlag, 1999

Reich, Robert B.: *Supercapitalism*. New York: Alfred A. Knopf, 2007

Reinhard, Wolfgang: *Geschichte der Staatsgewalt – Eine vergleichende Verfassungsgeschichte Europas von den Anfängen bis zur Gegenwart*. München: C.H. Beck'sche Verlagsbuchhandlung, 1999

Rothkopf, David: *Superclass – The Global Power Elite and the World They Are Making*. New York: Farrar, Straus and Giroux, 2008

Rousseau, Jean-Jacques: *Abhandlung über den Ursprung und die Grundlagen der Ungleichheit unter den Menschen*. Stuttgart: Reclam, 1998

Ruge, Wolfgang: *Weimar Republik auf Zeit*. Berlin/DDR: Deutscher Verlag der Wissenschaften, 1980

Schirrmacher, Frank: *Das Methusalem-Komplott*, München: Blessing Verlag, 2004

Schmidt, Helmut: *Außer Dienst*. München: Siedler Verlag, 2008

Schneider, Wolf: *Große Verlierer – Von Goliath bis Gorbatschow*. Reinbeck bei Hamburg: Rowohlt Verlag, 2004

Schwanitz, Dietrich: *Die Geschichte Europas*. München: Goldmann Verlag, 2003

Sennett, Richard: *Die Kultur des neuen Kapitalismus*. Berlin: Berlin Verlag, 2005

Staffelt, Ditmar; Struck, Peter: *Deutschland in der Globalisierung – Chancen und Herausforderungen*. Berlin, Potsdam, München: Keyser Verlag, 2008

Steingart, Gabor: *Deutschland – Der Abstieg eines Superstars*. München: Piper Verlag, 2004

Steingart, Gabor: *Weltkrieg um Wohlstand – Wie Macht und Reichtum neu verteilt werden*. München: Piper Verlag, 2007

Steininger, Rolf: *Deutsche Geschichte – Darstellung und Dokumente in vier Bänden, Band 1: 1945–1947*. Frankfurt am Main: Fischer Taschenbuch Verlag, 1983

Stern, Fritz: *Fünf Deutschland und ein Leben – Erinnerungen*. München: Verlag C.H. Beck, 2007

Tocqueville, Alexis de: *Über die Demokratie in Amerika.* Stuttgart: Reclam, 1985

Ulrich, Bernd: *Deutsch, aber glücklich.* Berlin: Alexander Fest Verlag, 1997

Veblen, Thorstein: *Theorie der feinen Leute – Eine ökonomische Untersuchung der Institutionen.* Frankfurt am Main: Fischer Taschenbuch Verlag, 1986

Viroli, Maurizio: *Die Idee der republikanischen Freiheit – Von Machiavelli bis heute.* Zürich/München: Pendo Verlag, 2002

Walter, Franz: *Baustelle Deutschland.* Frankfurt am Main: Suhrkamp Verlag, 2008

Walter, Franz: *Träume von Jamaika – Wie Politik funktioniert und was die Gesellschaft verändert.* Köln: Verlag Kiepenheuer & Witsch, 2006

Weber, Max: *Schriften 1894–1922.* Stuttgart: Alfred Kröner Verlag, 2002

Weizsäcker, Richard von: *Drei Mal Stunde Null? – 1949, 1969, 1989.* Berlin: Siedler Verlag, 2001

Wild, Dieter (Hrsg.): *Zeit zum Aufstehen: Agenda Deutschland – Was sich ändern muss.* München: Droemer Knaur Verlag, 2002

Winkler, Heinrich August: *Weimar 1918–1933: Die Geschichte der ersten deutschen Demokratie.* München: C.H. Beck Verlag, 2005

Winkler, Heinrich August: *Der lange Weg nach Westen.* München: C.H. Beck Verlag, 2002

Zakaria, Fareed: *Das Ende der Freiheit? – Wieviel Demokratie verträgt der Mensch?* Frankfurt am Main: Frankfurt Allgemeine Buch, 2005

Quellennachweis

S. 150: Bartsch, Kurt: *Lachmaschine.* Verlag Klaus Wagenbach, Berlin 1971

S. 132 ff.: Ude, Christian: *Im Ortsverein.* In: ders.: Meine verfrühten Memoiren. Piper Verlag, München 1993

Gabor Steingart
Deutschland
Der Abstieg eines Superstars.
304 Seiten. Piper Taschenbuch

Gabor Steingarts intelligente und pointierte Analyse über Aufstieg und Absturz des Wohlfahrtsstaates Deutschland hat eine Debatte über die Zukunft unseres Landes ausgelöst. Und er weiß, wovon er spricht: Als Chef des Berliner Spiegel-Büros arbeitet er im Zentrum des politischen Geschehens. Er zieht eine überraschende Schlussbilanz, denn unsere Art zu arbeiten, zu leben und Politik zu machen, ist längst überholt. Die Summe der Neuerungen kommt einer Neugründung des Staates gleich.

»Ein Buch wie ein Gewittervogel, der eine neue Wetterlage ankündigt. Die scharfsichtige Analyse der Fehlentwicklungen ist in dieser Klarheit und Konsequenz neu in Deutschland.«
Die Zeit

Gabor Steingart
Weltkrieg um Wohlstand
Wie Macht und Reichtum neu verteilt werden. 416 Seiten mit 24 Abbildungen und 8 Seiten farbigen Grafiken sowie einem Nachwort zur Taschenbuchausgabe. Piper Taschenbuch

Das Zeitalter der europäisch-amerikanischen Dominanz geht zu Ende. Im Weltkrieg um Wohlstand kämpfen die asiatischen Staaten um mehr Marktanteile, ohne Rücksicht auf die Bevölkerung und die Umwelt. Mit der wirtschaftlichen Bedeutung verschieben sich auch die politischen Gewichte. Präzise und kühl analysiert Gabor Steingart die weltweite Lage. Sein Fazit: Der Westen muss sich wehren – oder er scheitert.

»Das Buch ist fulminant geschrieben, enthält eine Fülle von Informationen, spiegelt die Erfahrung unzähliger Wirtschaftsleute mit China – und es dürfte bei manchem einen Schock auslösen.«
Süddeutsche Zeitung

PIPER

**Stefan Aust,
Claus Richter,
Gabor Steingart**
Unter Mitarbeit
von Matthias Ziemann

Der Piper Taschenbuch
Abstieg eines Superstars
*288 Seiten mit 11 Abbildungen.
Piper Taschenbuch*

Der märchenhafte Aufstieg Deutschlands aus den Trümmern des Krieges und der allmähliche Abstieg wird hier von Zeitzeugen analysiert. Das Buch unternimmt eine Reise zum Mittelpunkt der deutschen Probleme, die wichtigsten Fachleute aus Politik und Wirtschaft beurteilen schonungslos die Lage Deutschlands – von Kurt Biedenkopf und Paul Kirchhof über Hilmar Kopper, Otto Graf Lambsdorff und Bert Rürup bis zu Wolfgang Schäuble, Franz Steinkühler und Richard von Weizsäcker.

Die dreiteilige ZDF-Dokumentation wurde mit dem Deutschen Fernsehpreis ausgezeichnet.

**Stefan Aust /
Claus Richter /
Matthias Ziemann**
Wettlauf um die Welt
*Die Globalisierung und wir.
Vorwort von Nikolaus Brender.
304 Seiten mit 6 Schwarzweiß-
abbildungen und 8 Seiten Farb-
bildteil. Piper Taschenbuch*

Zum ersten Mal in der Geschichte konkurrieren Menschen auf der ganzen Welt um Arbeit und Wohlstand. Es bestimmt nicht mehr der Geburtsort über die Chancen, die man im Leben hat. Werden wir, die wir von der »alten Weltordnung« bislang so sehr profitiert haben, Verlierer der Globalisierung sein? Aufschlussreiche Antworten geben Reportagen und Interviews mit Wissenschaftlern, Managern und Gewerkschaftern.

»Dieses Buch bietet viele Argumente, Denkanstöße, Informationen und Meinungen, die den Leser nicht in irgendeine Richtung beeinflussen, sondern als Ganzes beeindrucken.«
Kress report

Wolfgang Herles
Wir sind kein Volk
*Eine Polemik. Mit einem Vorwort
zur Taschenbuchausgabe.
240 Seiten. Piper Taschenbuch*

Der Fall der Mauer war eine
fantastische Nachricht Aber
das, was danach kam, hat den
Deutschen die Glücksgefühle
gründlich ausgetrieben: Die
»blühenden Landschaften in
Ostdeutschland« sind ferner
denn je, die gesamtdeutsche
Wirtschaft wird durch die
falsch konzipierte Vereinigung
gelähmt. Fünfzehn Jahre später
liefert Wolfgang Herles eine
provozierende Aufarbeitung
der deutschen Einheit und fordert, den Wunschtraum vom
»einig Vaterland« endlich zu
begraben.

»Der Autor sagt klipp und klar,
was die Öffentlichkeit mit
wachsender Mühe vor sich
selbst verbirgt.«
Die Zeit

Michael Sauga
Wer arbeitet, ist der Dumme
*Die Ausbeutung der Mittelschicht.
Aktualisierte Ausgabe. 240 Seiten.
Piper Taschenbuch*

Kein europäischer Staat beutet
seine Arbeitnehmer so aus wie
der deutsche. Bei jeder »Reform« – Gesundheit, Steuer,
Pflege – wird der Faktor Arbeit
am stärksten belastet. Die Ze-
che zahlen stets die Arbeitnehmer. Michael Sauga, Wirt-
schaftsredakteur beim Spiegel,
fordert nichts weniger als den
Komplettumbau des Sozial-
staates. Sonst heißt es: Will-
kommen im Prekariat!

»Eine der kurzweiligsten Ein-
führungen in die Wirtschafts-
und Sozialpolitik. Schon dafür
lohnt sich die Lektüre.«
Süddeutsche Zeitung

»Ein Sprengsatz der deutschen
Konsensgesellschaft.«
Rheinische Post

PIPER